1917-1919
UN FRÈRE D'AMÉRIQUE

Préserver la mémoire de ceux qui ont été acteurs ou témoins des conflits du XXe siècle, c'est d'abord s'interroger sur les valeurs qu'ils ont été amenés à défendre, et sur lesquelles se fonde la démocratie actuelle.

En replaçant le lecteur au cœur de ces périodes difficiles de notre Histoire, Les Romans de la mémoire, proposés par la direction de la mémoire, du patrimoine et des archives du ministère de la Défense, en partenariat avec les éditions Nathan, se veulent une contribution à son approche de la citoyenneté.

Loi n° 49956 du 16 juillet 1949
sur les publications destinées à la jeunesse
ISBN 978-2-09-252090-1

LES ROMANS DE LA MÉMOIRE

1917 - 1919

UN FRÈRE D'AMÉRIQUE

PHILIPPE BARBEAU & CHRISTIAN COUTY

Ministère de la défense,
secrétariat général pour l'administration,
direction de la mémoire, du patrimoine et des archives

Nathan

CHAPITRE 1

UNE EXTRAORDINAIRE NOUVELLE

A*oût 1917.*

La guerre faisait rage depuis trois ans, étirant la blessure béante de ses tranchées de la côte belge de la mer du Nord au versant alsacien des Vosges. Le pays tenait au prix d'un immense effort ; chacun s'adaptait comme il pouvait, mais c'était très dur et nombre de Français se demandaient quand finirait cet enfer.

Le Loir-et-Cher était loin du front et ses habitants ne voyaient rien des combats. Ils mesuraient seulement l'absence de la plupart des hommes dans la force de l'âge, la détresse des familles qui avaient déjà perdu un des leurs et l'inquiétude sourde qui hantait les autres. Dans ce département, comme partout ailleurs en métropole et dans les colonies, la mort frappait au gré des combats.

La vie continuait malgré tout.

La petite ville de Saint-Aignan[1] s'étendait sur le coteau, lovée au pied de son château, sur la rive gauche du Cher

1. Situés en Loir-et-Cher, Saint-Aignan-sur-Cher et Noyers-sur-Cher se trouvent à 40 kilomètres au sud de Blois et 60 kilomètres à l'est de Tours, à la limite de la Touraine et de la Sologne.

qui coulait, serein, indolent, comme si rien n'avait changé.

Au cœur du bourg, Marcelle Méry, treize ans, apprentie couturière chez sa tante, surfilait des boutonnières.

Tout près de là, M. Raphaël, le photographe, maniait avec précaution un lot de plaques de verre.

Angèle Groussin, un balai de bruyères à la main, nettoyait l'entrée de son café en haut de la ville.

Un vieillard menait par la bride une jument, un solide percheron attelé à un tombereau[1] chargé de foin, sur la route qui arrivait de Seigy en suivant la berge.

– Hue ! Hue !

Le paysan criait pour la forme, car la bête n'en avait pas besoin. C'était une rosse si vieille que l'armée ne l'avait pas réquisitionnée, et elle connaissait le chemin par cœur. Elle savait que là, à proximité du pont, elle devait s'arc-bouter et tirer de toutes ses forces sur son collier pour franchir la dénivellation qui s'annonçait.

Quelques instants plus tard, accompagné par le bruit de l'eau sur les pales de la roue métallique, l'attelage passa devant l'énorme moulin à la grande cheminée, accolé au pont, en aval du bateau-lavoir, puis se glissa entre les premières maisons de Noyers-sur-Cher, le village voisin qui s'étendait sur la rive droite.

---

1. Robuste charrette constituée d'une caisse montée sur deux roues que l'on attelait à un cheval.

Dans les prés de Poiriers, en contrebas, Anne Girard surveillait la seule vache qui restait à sa famille et tricotait une écharpe qu'elle avait prévu d'envoyer à son père à l'automne. Gaston Girard était territorial[1] sur le front. S'il était moins exposé et ne souffrait pas autant que ses camarades des premières lignes, recevoir des colis était malgré tout important pour lui. Anne et sa mère veillaient à lui en envoyer régulièrement.

Le tombereau franchit le carrefour de la Croix-Verte, s'engagea avenue de la Gare, laissa la maison des Girard sur sa gauche et passa devant l'auberge du *Sabot Rouge*. Émile Favereau, le propriétaire au ventre rebondi et à l'imposante moustache, était assis à la terrasse de son établissement. Autour de lui, les tables étaient désertées depuis que presque tous les hommes avaient rejoint le front, depuis que la guerre taraudait les âmes du village. Il salua le charretier :

– Salut, père Brossier !

Le grand-père lui rendit son salut sans s'arrêter. Il n'avait pas le cœur à boire un verre de rouge depuis la mort de son petit-fils, Joseph, vingt ans, fauché un mois plus tôt par une mitrailleuse. Vingt ans ! Une vie brisée en pleine jeunesse, alors qu'elle promettait tant. Sa fille et son gendre étaient partis vivre à Blois après leur mariage, pour

1. Les territoriaux étaient des soldats plus âgés chargés de différentes tâches de soutien, dont l'approvisionnement, à l'arrière du front.

travailler à la chocolaterie Poulain, mais ils venaient lui rendre visite de temps en temps grâce au tortillard qui reliait Blois à Noyers. Ils avaient donné son prénom à leur fils unique, à son unique petit-fils. Joseph était un beau gars, la fierté de son grand-père…

La jument produisit un nouvel effort pour franchir les rails du chemin de fer dans un fracas assourdissant puis tourna à gauche et emprunta la rue de la Mardelle.

Dans le lointain, le clocher de Noyers sonna dix heures ; le père Brossier n'entendit pas les derniers coups, masqués par le halètement d'une locomotive entrant en gare, en provenance de Tours et à destination de Vierzon.

– Foutue modernité ! bougonna le vieillard. S'il y avait que des trains, ça serait bien, mais il y a les canons et ces nouveaux engins de mort qui massacrent notre jeunesse. Saleté de guerre et maudites inventions ! Pourvu seulement qu'on la gagne, cette guerre, pourvu que mon Joseph soit pas mort pour rien…

– Salut, père Brossier !

Jules Aubert, quatorze ans, venait de saluer à son tour le charretier. Il sortait de la maison qu'il habitait avec sa mère, Marie, partie travailler sur le bateau-lavoir, comme tous les jours, quel que soit le temps.

Aujourd'hui, lundi, Jules était libre. Apprenti chez René Jouzeau, le boulanger du Champ-de-Foire, il bénéficiait de son repos hebdomadaire.

Sa mère partie très tôt ne l'avait pas dérangé, le laissant faire la grasse matinée. Marie tenait à Jules comme à la prunelle de ses yeux et veillait à ce qu'il soit le plus heureux possible. Hector, son mari, avait contracté une pleurésie peu après la naissance du petit et en était mort. Depuis, toujours vêtue de noir, elle n'avait pas refait sa vie, élevant seule ses deux fils. Charles, son aîné, âgé de vingt et un ans, se battait quelque part sur le front après être passé par le Chemin des Dames[1]. Marie tremblait sans cesse pour lui. Noyers comptait déjà plus de vingt morts à la guerre pour un village d'un peu plus de mille huit cents âmes.

Jules avait quitté l'école à douze ans, comme ses amies Marcelle Méry et Anne Girard. Marcelle, qui n'avait que quelques mois de moins que Jules, habitait dans la même rue que lui. De trois ans leur aînée, Anne résidait à moins d'un kilomètre de chez les Aubert, rue de la Gare, presque en face du *Sabot Rouge*. Jules était un bon élève et son maître, Paul Gault, qui était aussi le directeur de l'école, aurait souhaité le voir poursuivre ses études. Hélas, à peine avait-il décroché son certificat d'études, sa mère avait dû l'envoyer travailler. Un apprenti boulanger gagnait peu, mais ce que Jules rapportait à la maison aidait Marie à finir le mois, surtout depuis la mobilisation de Charles.

1. Le Chemin des Dames est une route de l'Aisne, à l'est de Soissons, lieu de sanglantes batailles en 1917 et 1918.

Et puis, il ramenait du pain de temps en temps, et c'était ça de moins à acheter.

Jules travaillait donc, mais il rêvait de rejoindre son frère à la guerre. Il voulait en découdre avec l'ennemi, lui aussi, et aider la France à remporter cette victoire qui tardait tant à se dessiner. Marie le savait, même s'ils n'en parlaient jamais. Il est des choses qu'une mère sent d'instinct. Pour l'instant, elle se contentait d'espérer que les combats prendraient fin avant l'incorporation de son cadet.

Le père Brossier poursuivit son chemin. Jules partit dans l'autre direction, franchit la route de Blois et s'engagea dans la rue du Moulin-à-Vent. Le moulin de la Motte-Beaudoin se dressait devant lui. Il le laissa bientôt sur sa gauche et remonta la rue de Boissanté, pressant le pas.

Jules avait hâte d'arriver dans son refuge : il accéléra, ignorant la chaleur qui commençait à plomber l'air.

Il appuya sa main sur sa chemise à hauteur du cœur et sentit le carnet glissé dans la poche. Ce carnet l'unissait à Charles. Il écrivait dessus et envoyait à son frère les pages qu'il arrachait une fois remplies. Il lui racontait la vie du village, lui faisait part des potins, de ses émotions, lui décrivait les travaux des champs, lui parlait de son rêve de se battre à ses côtés. Il l'encourageait, lui disait sa fierté d'avoir un frère comme lui.

Leur père était mort trop tôt. Son absence n'avait pas gêné Jules tant qu'il était petit, mais, depuis qu'il avait commencé à travailler, c'était une autre affaire. Il aurait aimé parler avec son père, lui demander son opinion sur une foule de choses, solliciter ses conseils et même se confronter à lui. Charles aurait peut-être pu le remplacer mais, incorporé au 30e régiment d'artillerie, il était parti à la guerre dès août 1914.

Jules se souvenait encore du train qui l'avait emmené, avec sa locomotive et ses wagons ornés de drapeaux tricolores et de fleurs. Un tel enthousiasme régnait alors sur le quai ! Les combats ne dureraient pas longtemps, quelques semaines tout au plus. C'est ce qu'on disait. Certains affirmaient même que les hommes seraient revenus pour les vendanges. Les Boches[1] n'avaient qu'à bien se tenir.

Seulement, les événements avaient pris une autre tournure. Le début de la guerre avait été effroyable. Sans l'héroïque bataille de la Marne[2], la France aurait connu une humiliante défaite. Depuis, les soldats s'étaient terrés dans les tranchées et la guerre de mouvements s'était transformée en une guerre de positions.

– Fais attention à toi, avait recommandé Jules à son frère lorsqu'il était reparti, sa permission de juin dernier terminée. Bientôt, je t'accompagnerai. À deux, on sera plus forts, mais en attendant…

---

1. Nom injurieux donné aux Allemands.

2. Bataille du début de la Première Guerre mondiale (septembre 1914) qui a permis d'arrêter l'avancée allemande, sauvant ainsi Paris de l'invasion.

– Ne t'inquiète pas ! l'avait rassuré Charles, un fragile sourire aux lèvres. Je sers dans un régiment d'artillerie et nous, les artilleurs, on court moins de risques que les fantassins…

Il lui avait caché que, souvent, il montait en première ligne avec un téléphoniste pour parfaire le réglage de la batterie. Là, au contact direct de l'ennemi, à la merci de ses attaques, mais aussi de la moindre erreur de tir de ses frères d'armes ou du plus petit dysfonctionnement d'un canon, il courait de grands dangers. Il lui avait encore moins dit que, parfois, il était agent de liaison[1] et traversait les tirs de barrage qui avaient détruit le réseau téléphonique. Les périls étaient alors encore plus grands et la mort pouvait faucher n'importe quand. Ainsi, le 3 juillet 1916, lors de l'un de ces tirs, son meilleur ami, Joannès Prudhomme, avait été tué entre Verzenay et le fort de la Pompelle, au pied de la montagne de Reims. Charles avait été bouleversé et n'avait rien dit à son frère.

Jules grimpa sur le coteau, au-dessus de la Bizeaudière, où il contempla une fois de plus le paysage. Son regard ne s'arrêta pas sur les bâtiments qui donnaient leur nom au lieu-dit, mais partit loin, jusqu'aux fermes des Quatre-Piliers. Il descendit vers le Puits-Saint-Martin, s'immobilisa un peu du côté de la gare où il crut deviner le toit

1. Les agents de liaison avaient pour mission de porter des messages quand tous les autres moyens, à commencer par le téléphone, étaient hors service.

de sa maison, glissa vers le moulin de la Motte-Beaudoin pour stopper quelques minutes sur le bourg.

Il avait l'impression de s'imprégner ainsi de la vie de Noyers et que, sans ce rituel, il ne parviendrait pas vraiment à écrire à Charles. Pour lui, écrire à son frère, ce n'était pas seulement aligner des lettres, des mots, des phrases, c'était mettre son cœur sur la page. Charles avait besoin de ça. Jules en était certain. Il pensait aussi que ces mots le protégeaient, en lui rappelant le pays, en lui montrant que Noyers continuait à vivre et l'attendait. Ils l'aidaient à supporter l'épreuve et à rester aussi brave que prudent.

Jules prit une profonde inspiration et s'apprêtait à repartir lorsque, soudain, un bruit de pétarade l'arrêta. Il distingua un nuage de poussière sur le chemin venant du bourg de Noyers. Le nuage s'approchait de lui à mesure que le bruit amplifiait.

– Qu'est-ce que c'est que ça ?

L'adolescent écarquilla les yeux quand il put enfin distinguer l'origine de l'étrange phénomène : un véhicule filait sur le chemin, plus bruyant que cent tombereaux traversant en même temps la ligne de chemin de fer et au moins dix fois plus rapide.

– Cornes de bouc ! lâcha-t-il. Une automobile. Ça doit être une automobile…

Jusqu'à maintenant, il en avait juste entendu parler par le petit Paul Appert qui lui avait dit, tout excité, en avoir aperçu une sur la route de Vierzon. Il avait essayé d'imaginer cet engin extraordinaire et n'était parvenu qu'à envisager une sorte de locomotive miniature. La locomotive était déjà formidable, mais elle demeurait prisonnière de ses rails. L'automobile était aussi libre que la calèche d'Octave Ratier, le médecin de Saint-Aignan, et beaucoup plus véloce. Et puis, si elle pétaradait très fort, elle n'était tout de même pas aussi bruyante que la locomotive et, bien que dégageant un épais nuage de poussière, elle fumait nettement moins.

La machine transportait quatre personnes. Trois étaient des militaires en uniforme, un avec un képi et deux coiffés d'un chapeau à large bord. Le quatrième individu semblait être M. le maire.

Jules regarda l'automobile s'éloigner. Puis, le cœur affolé, il rejoignit le chemin en courant, tourna à droite après le gros chêne et s'enfonça dans la forêt, indifférent au chant des oiseaux qui le bouleversait habituellement.

Quelques instants plus tard, il arrivait enfin à l'entrée de son refuge, une des caves qui servaient autrefois de carrière. On en avait extrait des pierres pour construire la plupart des maisons de la région. Presque toutes avaient été transformées en champignonnières, mais celle-ci, trop petite, avait été laissée à l'abandon.

Jules aimait y venir car elle lui rappelait son frère mieux que tout autre endroit. Pendant l'été 1913, Charles lui avait fait découvrir cette cave nichée près du vieux chemin qui montait en forêt. Un talus en dissimulait l'ouverture. C'était leur secret.

Jules entra. La fraîcheur de l'endroit le saisit. Il frissonna, parcourut quelques mètres à l'intérieur et s'assit là où la lumière était encore suffisante pour écrire. Il appuya son dos contre la paroi, leva les yeux et aperçut la petite boule noire de la chauve-souris qui dormait invariablement dans le même repli de roche. Un sourire aux lèvres, il sortit carnet et crayon, mouilla la mine de celui-ci du bout de la langue et, toujours sous le coup de l'émotion, il coucha ses premiers mots sur le papier.

Jules jeta un regard au soleil quand il quitta la forêt. L'astre, encore haut à son arrivée, avait amorcé sa descente. Midi était largement dépassé. Ce n'était pas un problème, car Marie restait déjeuner sur le bateau-lavoir et son fils cadet pouvait aménager son temps comme il l'entendait. Il lui avait juste promis de travailler dans le jardin, quand la chaleur serait un peu retombée.

Jules avait décidé de rentrer par le bourg et passa devant Paul Gault, son ancien maître aux cheveux d'un blanc lumineux. Ce dernier discutait avec la receveuse des Postes.

– Bonjour, monsieur le directeur ! Bonjour, madame Vendevelle !

Les deux adultes lui rendirent son salut et poursuivirent leur conversation :

– Ainsi, c'est vrai, les Américains vont installer un camp ici, à Noyers ?

– Comme je vous le dis, monsieur le directeur ! Ce matin, deux officiers sammies[1] sont venus faire les premiers repérages avec un militaire français. Monsieur le maire les accompagnait et a dit qu'ils s'installeront entre le moulin de la Motte-Beaudoin et la Bizeaudière.

Jules ne se mêla évidemment pas à la conversation, mais ce qu'il avait entendu lui suffisait. Il fit tout de suite la relation avec l'automobile aperçue plus tôt.

Il savait bien sûr que, plusieurs mois auparavant, les États-Unis avaient décidé d'entrer en guerre aux côtés des Alliés[2]. Le renfort de soldats américains avait suscité en France un formidable enthousiasme. Il offrait enfin l'espoir de voir s'achever les combats, mais, depuis cette annonce, rien ne s'était produit et les Sammies tardaient à arriver.

Cette fois, ça y était !

Et, en plus, Noyers-sur-Cher participerait vraiment à l'effort de guerre en accueillant un camp. Cela ne consola

1. Surnom que l'on donnait aux soldats américains : un Sammy, des Sammies (les fils de l'oncle Sam). On les appelait aussi les *doughboys*. Certains historiens pensent que c'est parce qu'ils mangeaient beaucoup de *doughnuts*, sorte de beignet rond (voir p. 60), mais l'étymologie la plus généralement admise tient à la forme des boutons des Nordistes pendant la guère de Sécession.

2. Voir p. 123 pour connaître les raisons de l'intervention américaine dans la guerre.

pas Jules d'être toujours trop jeune pour pouvoir combattre, mais il se dit que cela l'aiderait peut-être à patienter.

Il revint à toute vitesse sur ses pas pour ajouter au moins une page à la lettre qu'il comptait envoyer à Charles. Il mangerait très tard aujourd'hui. Ce n'était vraiment pas un problème.

Au même moment, quelque part aux États-Unis, John Toomey se préparait à rejoindre le bureau de recrutement. Jeune infirmier, il avait décidé de s'engager dans l'armée américaine et poserait bientôt le pied en France, cette France qu'il aimait tant.

CHAPITRE 2

LES AMÉRICAINS S'INSTALLENT

1917 s'achevait. Noël approchait, mais les cœurs n'étaient pas à la fête. Une langueur triste assommait Noyers-sur-Cher et ses habitants. Cette année avait pourtant été moins terrible que 1916 sur le front pour les Nucériens[1], mais, bien que cela lui en coûtât, M. le maire continuait ses sinistres tournées et venait d'annoncer la mort de Louis Guilpain, sergent au 131e régiment d'infanterie, tombé en Picardie. Sa famille connaissait maintenant la douleur de celles que le sort frappait.

Charles venait de retourner au combat après une nouvelle permission. La séparation, sur le quai de gare, avait été douloureuse. Marie et Jules n'en parlaient pas, pas plus qu'ils n'évoquaient le danger qu'il courait là-bas, si loin, mais Charles ne quittait jamais vraiment leurs pensées. Tous les deux s'accrochaient à la chance de le savoir artilleur, mince espoir qui leur laissait l'illusion d'une clémence du destin. Le cadet rêvait plus que jamais de rejoindre son aîné. Lui aussi voulait défendre la patrie, comme M. Gault, le maître

---

1. Habitants de Noyers-sur-Cher.

d'école, le lui avait enseigné. Il s'imaginait, héroïque, servant le canon en compagnie de son frère ou chargeant à la baïonnette, malgré l'impitoyable feu ennemi.

Jules en avait discuté avec ses amies Anne Girard et Marcelle Méry. Toutes deux avaient paru gênées et, même si elles ne l'avaient pas clairement dit, il avait cru comprendre qu'elles espéraient ne jamais le voir partir au combat. Elles l'avaient déçu, mais il les appréciait trop pour leur en tenir rigueur.

Pendant ce temps, la vie continuait.

René Jouzeau, le visage en sueur, s'activait devant le four et, sa pelle au long manche bien en main, il sortait un à un les pains de quatre livres dorés à point. Une merveilleuse odeur envahissait le fournil.

– Allez, gamin ! Va les porter à la patronne. Il s'agit pas d'en faire collection ici, mais de les vendre.

Jules empila les pains dans le grand panier rectangulaire et, accompagné par le craquement de l'osier, il tira son chargement, passa le seuil séparant le fournil du magasin au moment où Désiré Goureau, le garde champêtre, arrivait.

– Bonjour, Jeanne ! chanta le vieil homme. Je peux aller voir René ?

La boulangère sourit et lança, complice :

– Bien sûr ! Comme si vous aviez besoin de mon autorisation…

Désiré et René avaient en effet coutume de trinquer d'un canon de rouge, en fin de matinée.

Jules disposa les pains sur le comptoir et les étagères puis regagna le fournil. Par sa fonction, Désiré était une vraie mine de renseignements et bon nombre des nouvelles que l'adolescent envoyait à son frère venaient de lui.

– Ça, pour sûr, ils mettent du temps à arriver, les Sammies ! s'exclama René.

Le garde champêtre, assis sur un gros sac de farine, dodelina de la tête, porta le verre à ses lèvres, but une gorgée et renchérit :

– Tu parles ! Les premiers sont venus en août et, depuis, y en a eu pas mal d'autres. Ils ont pris mesure sur mesure, ils ont rencontré les propriétaires des terrains, ils ont parlé gros sous, mais, pour l'instant, on voit pas l'ombre d'une cabane américaine.

– Il paraît que le camp va être beaucoup plus grand que c'qu'on pensait au début, poursuivit René.

Désiré s'exclama :

– On parle d'un truc qui s'étendrait de la Motte-Beaudoin à la Petite-Coulonnière, en remontant depuis la ligne de chemin de fer jusqu'à la Bizeaudière et le Champ-du-Bois. On raconte aussi qu'il y aurait un hôpital du côté du Pré-Fondu. Tu t'rends compte, un hôpital dans notre village ! Et au moins aussi grand que celui de Blois !

– Pour sûr, on n'a jamais eu ça. Et puis, une surface pareille, ça fait un paquet d'hectares !

Le garde champêtre ajouta :

– C'est pas grand-chose à côté de c'qu'ils vont installer entre Gièvres et Pruniers[1]. Un camp énorme avec plein de voies de chemin de fer pour apporter la nourriture et quantité de matériel avant qu'tout ça parte pour le front. Ils vont même y assembler des avions et les expédier là-haut, à c'qu'on prétend.

– Chez nous, qu'est-ce qu'ils vont faire ? demanda le boulanger.

– Ça s'rait un camp d'entraînement pour affûter les bleus, les rendre aptes à étriper du Boche, et un hôpital pour rafistoler ceux qui auront été esquintés.

– Ça va faire un paquet de monde, ça !

– J'te crois, René ! Plusieurs milliers de Sammies qui parleront guère français. Je sais pas comment y vont s'entendre avec nous autres.

Désiré laissa filer un silence, histoire de permettre à son ami de bien intégrer ses propos, puis il reprit :

– C'est vrai qu'on peut pas dire qu'on cause vraiment anglais dans le coin. Je pense qu'y a guère que l'docteur Ratier qui pourra leur tenir le crachoir…

---

1. Sur ces deux communes situées en Sologne, près de Romorantin, à 25 kilométres de Noyers, se trouvait l'un des plus grands camps de l'armée américaine pendant la Première Guerre mondiale.

– Pour sûr ! Mais, cré vingt dieux, tout ce monde, à mon avis, ça va être bon pour le commerce, se réjouit le boulanger.

– Pas certain ! J'ai entendu dire qu'ils amèneront tout c'qu'il faut pour nourrir leurs troufions.

– Oh ! Y aura des retombées, j'en mettrais ma main au feu. Ils ont des sous, les Américains, et faudra bien qu'ils les dépensent…

Puis la conversation dévia sur différents potins qui traînaient dans le village. Jules y aurait habituellement prêté attention, mais là, il avait la tête pleine de Sammies. Soudain, occupé à nettoyer le fournil où la dernière cuisson venait de s'achever, il repensa à son frère.

« Pourvu que les Américains arrivent pas trop tard… »

Premier dimanche de mars. Superbe journée. Un soleil resplendissant réchauffait les branches des arbres du Champ-de-Foire. Les bourgeons pointaient le bout des feuilles et les oiseaux s'activaient à la construction de leur nid, indifférents à la mélodie qui retentissait sous eux.

Pour la première fois, une cinquantaine de Sammies donnaient une aubade à la population.

Jules entendit le début alors qu'il achevait sa tâche au fournil. Aujourd'hui, il y avait eu davantage de travail, presque autant que les dimanches d'avant-guerre. Son patron avait eu vent de ce concert et, s'attendant à voir rappliquer des spectateurs, il avait décidé de fabriquer plus de pains.

L'adolescent sortit quelques minutes plus tard, son travail terminé, et se retrouva sur la place avec une foule de gens qui lui tournaient le dos. Tous avaient passé leurs habits du dimanche. Il remarqua Anne aussitôt, devant lui, avec sa chevelure châtain très clair, presque blonde. Elle portait une robe d'un superbe grenat qui marquait sa taille fine. Il se plaça à sa gauche pour voir la fanfare américaine et, quand il fut à ses côtés, il sentit son parfum, une discrète odeur d'eau de Cologne à la lavande.

Il tenta alors de se concentrer sur les musiciens qu'il avait sous les yeux. Ceux-ci portaient un uniforme et étaient coiffés d'un calot. À part le chef d'orchestre qui les dirigeait, chacun jouait d'un instrument, allant de la minuscule flûte à l'énorme hélicon, en passant par les saxophones, trompettes, clarinettes… et, bien sûr, quelques tambours.

Ils jouaient *It's a Long Long Way to Tipperary*. Jules reconnut ce morceau et fredonna les quatre premiers vers du refrain.

« *It' a long way to Tipperary*
It's a long way to go.
It's a long way to Tipperary
To the sweetest girl I know ![1] »

---

1. La route est longue jusqu'à Tipperary
La route est longue, longue.
La route est longue jusqu'à Tipperary
Pour voir la fille la plus douce du monde.

Charles le lui avait appris lors de ses permissions et lui avait dit que, dans les tranchées, on affirmait que les Anglais l'adoraient. Jules n'en comprenait pas les paroles mais elles lui réchauffaient le cœur. Et puis, il y avait cette musique entraînante. Il se laissa bercer et, quand le morceau s'arrêta, il apprécia la magie du silence qui suivit.

– Bonjour, Jules !

L'adolescent se tourna vers la droite. Le parfum revint chatouiller ses narines. Sa voisine aux yeux bleus lui souriait.

– Bonjour, Jules ! répéta Anne.

Encore tout à ses pensées, il finit par bredouiller :

– Bonjour… Anne !

Pour la première fois, il la trouva belle et cela lui fit une curieuse impression.

Il serait bien resté écouter le morceau suivant mais, sans s'expliquer pourquoi, il était gêné. Alors, il souffla :

– Faut que j'me sauve ! Maman m'attend pour que je l'aide à bêcher le jardin…

Pavillon américain claquant au vent, le navire entrait lentement dans la rade de Brest.

Les Sammies se tenaient sur le pont, serrés les uns contre les autres, chargés de leur sac à dos, chapeau sur la tête, prêts à mettre pied sur le sol français. Parmi eux se trouvait John Toomey, en proie à une intense émotion.

Il détaillait chaque partie de la côte et pensait au marquis de La Fayette qui, en 1780, avait débarqué en Amérique pour aider les Treize Colonies à conquérir leur indépendance.

– *Hello, France ! I am happy to see you again*[1]... Je me réjouis de venir t'aider...

– *Hey*, lui fit remarquer son voisin, *you speak very good french !* [2]

Le temps resta au beau fixe le lendemain.

Jules se rendait à son refuge et, ce faisant, il longeait le camp américain et ses rangées de tentes parfaitement alignées.

Les premières installations avaient eu lieu en janvier 1918. Depuis, en quelques semaines, tentes et baraques avaient couvert une immense partie du territoire communal entre la ligne de chemin de fer et la forêt.

L'adolescent aurait aimé y fourrer son nez, mais l'entrée lui était interdite, comme à pratiquement tous les Français. La curiosité le dévorait. L'envie de tout raconter à Charles aussi.

Pour l'instant, il ne pouvait voir que des tentes carrées en grand nombre montées autour d'un poteau central, des baraquements et, recouvrant toutes les allées, des kilomètres de caillebotis pour éviter de patauger dans la boue.

---

1. Bonjour la France ! Je suis heureux de te revoir...
2. Hé, tu parles très bien français !

Il arriva à l'extrémité du camp et passa le gros chêne, à proximité de la Bizeaudière. Il entra ensuite dans le bois où il perçut aussitôt le claquement de coups de fusil. Les Sammies s'entraînaient au tir non loin de là.

Jules avait déjà beaucoup à raconter à son frère : il allait lui décrire ces curieux militaires qui n'avaient pas grand-chose en commun avec leurs frères d'armes français.

D'abord, leur uniforme était kaki, et non bleu, avec une veste très près du corps, garnie de nombreuses poches. Leurs pantalons à la coupe large au niveau des cuisses rappelaient celui que portait le marquis du château de Saint-Aignan, lorsqu'il montait à cheval. Et puis, quand ils n'étaient pas coiffés d'un calot, ils avaient soit cet élégant chapeau à large bord qui semblait cabossé par quatre « coups de poing » sur le dessus[1], soit, pour certains officiers, une casquette plate dont la visière tombait au ras des yeux.

Ensuite, même si ces soldats étaient beaucoup plus rares, il en avait croisé certains à la peau noire, extraordinairement noire, bien plus sombre que celle des paysans que le soleil avait pourtant burinée tout l'été dans les champs. Le blanc des yeux de ces hommes ressortait de leur visage et encadrait un nez souvent épaté. Jules avait déjà entendu parler des peuples d'Afrique colonisés par la France. Il avait aussi entendu dire que les tirailleurs sénégalais faisaient preuve

1. Le *campaign hat.*

d'une extraordinaire bravoure sur le front. N'empêche, il avait d'abord eu peur de ces soldats noirs et puis, conquis par leur sourire engageant, il s'était habitué à eux.

Les véhicules des Sammies ne manquaient pas non plus de surprendre les habitants de Noyers. Jules souriait à présent de son émerveillement quand il avait aperçu une automobile pour la première fois. Les rues étaient maintenant parcourues par toutes sortes d'engins : des automobiles de toutes tailles, mais aussi des camions et, surtout, des motocyclettes, parfois équipées d'un side-car. Des machines aussi bruyantes que nauséabondes et rapides qui avaient chamboulé la vie du village. À présent, il fallait faire attention quand on s'engageait dans la rue, et on ne pouvait plus vraiment se permettre de discuter ailleurs que bien rangé sur le bas-côté.

Tous ces soldats – les Nucériens parlaient de dix mille, parfois de vingt mille – amenaient une effervescence incroyable dans Saint-Aignan et Noyers.

Il était fréquent que l'un d'eux accoste des autochtones dans la rue, son *Soldiers' French Course*[1] à la main.

Le garde champêtre avait raison quand, quelques semaines plus tôt, il avait prédit un afflux de clients dans les boutiques

---

1. Petit livre à la couverture rouge destiné à faciliter le contact avec la population française. Différent d'un simple dictionnaire bilingue, il renseignait également sur le mode de vie des Français, tant celui des soldats que des civils.

de Noyers. Les Américains avaient pourtant apporté ce qu'il fallait pour nourrir leurs hommes. Une boulangerie où l'on fabriquait d'étranges pains parallélépipédiques – tout en mie et sans guère de croûte – était installée près du carrefour de la rue de la Mardelle et de la route de Blois, à deux pas de chez Jules. Chaque jour, il se tordait le cou pour tenter d'apercevoir quelque chose à l'intérieur. Les Sammies semblaient aussi décidés à goûter aux produits locaux et les affaires de la boulangerie du Champ-de-Foire s'amélioraient indubitablement.

Après avoir écrit tout cela à Charles, au cœur de son refuge secret, Jules décida de rentrer chez lui en faisant un très large détour au-delà du Pré-Fondu, où se trouvait l'hôpital. Il n'avait pas encore vu cet endroit que plusieurs Nucériens connaissaient déjà pour y avoir reçu des soins.

Son angoisse montait à mesure qu'il avançait. Avant de franchir la ligne de chemin de fer, pas très loin du quai que les Américains avaient aménagé pour descendre les blessés des wagons, il fut même tenté de faire demi-tour.

La curiosité le poussait mais il se demandait également, si, en approchant les victimes américaines, il ne risquait pas de porter malheur à son frère. Malgré ses efforts pour l'étouffer, une phrase lui revenait en tête :

« Il ne faut pas réveiller la misère endormie. »

La dernière lettre de Charles était inquiétante et le jeune homme semblait avoir le moral bien bas. Il racontait ce qu'il avait vu en montant en première ligne, après une série de cruels combats, en vue de préparer une énième contre-attaque. Jules était d'autant plus troublé que son frère avait sans doute choisi ses mots et n'avait dévoilé qu'une infime partie de l'horreur, afin d'éviter de tomber sous le coup de la censure[1], mais sans doute aussi pour ne pas les inquiéter davantage, sa mère et lui. Et en plus, Charles paraissait très réservé à l'égard des Sammies. Un fantassin lui avait affirmé : « Nous devions nous trouver en ligne avec les Américains. Jusqu'à 20 kilomètres du front, nous en avons vu, et puis ensuite, plus personne… »

Jules repensa à l'homme défiguré[2] croisé quelques jours plus tôt, au détour d'une rue sombre de Saint-Aignan, alors qu'il allait faire une course pour son patron. Le malheureux venait de rentrer chez lui, après deux ans passés dans un hôpital où les médecins avaient tenté de réparer les dégâts causés par l'éclat d'obus qui l'avait frappé en plein visage. Seuls son front, son menton, ses oreilles et son œil droit étaient intacts. Le gauche était crevé et sa bouche n'était plus qu'une béance d'où sortaient des sons articulés avec peine. Une abominable cicatrice barrait sa face

1. On appelait « censure » les opérations de contrôle mises en place par les autorités militaires. Cette censure aidait aux opérations de contre-espionnage, limitait les indiscrétions de tous ordres et renseignait le commandement sur l'état moral et matériel des troupes.

2. Plus tard, on appellera ces mutilés « gueules cassées ».

informe. Il n'avait plus de nez. Ce visage monstrueux hantait Jules.

« Il faut que j'aille me battre. Je sers à rien à l'arrière… »

L'adolescent en était là de ses réflexions quand, alors qu'il s'attendait à découvrir les baraquements de l'hôpital, il se retrouva dans un champ face à deux monticules de terre fraîchement retournée, avec chacun une croix blanche dessus et devant, un petit drapeau américain et de fragiles bouquets de fleurs.

– Un cimetière !

Et Jules s'enfuit en courant.

CHAPITRE 3

UNE RENCONTRE PEUT EN CACHER UNE AUTRE

Le vent du nord glaçait les rives du Cher. Un couple de canards se blottissait à l'abri d'un saule pleureur aux chatons déjà épanouis, calés l'un contre l'autre, surpris par ce sursaut hivernal, alors que le printemps s'annonçait bien un mois plus tôt.

Dans le camp américain, les hommes s'abritaient du froid et l'effervescence régnait toujours. Les bataillons se succédaient et, sitôt formés, les hommes partaient pour le front. L'hôpital n'était pas plein, mais nombre de ses baraquements accueillaient déjà quelques patients.

À l'exception de quelques-uns, les Nucériens s'étaient calfeutrés chez eux. La nuit tombait encore tôt même si jours et nuits s'équilibraient à peu près, et une lampe à pétrole diffusait une lumière chétive dans la pièce principale de la maison Aubert.

Ce soir-là, Jules était attablé devant son assiette vide. Il tripotait sa cuillère, histoire de s'occuper les doigts. Il repensait à la lettre de Charles arrivée le matin même, pliée avec soin dans sa poche de pantalon. Plus optimiste, son frère semblait avoir changé d'opinion au sujet des Américains. Certains avaient enfin été engagés dans les combats et la forte impression produite sur les poilus était remontée jusqu'à lui. Jules s'en réjouissait, car les Sammies l'attiraient de plus en plus. Il n'avait toujours pas établi de véritable contact avec eux, mais ça viendrait. Il en était sûr. Et cela l'aurait ennuyé que son frère les déteste.

Il leva la tête, regarda le dos de sa mère penchée au-dessus de la gamelle posée sur l'imposante cuisinière de fonte noire. Elle prit les oreilles du récipient, le souleva et l'apporta sur la table où elle le posa sur le dessous-de-plat. Elle retira alors le couvercle et un nuage de vapeur monta vers le plafond.

– Passe-moi ton assiette ! ordonna Marie, saisissant la louche d'une main et tendant l'autre main.

Jules obtempéra et sa mère lui servit une copieuse assiette de soupe au chou. Le garçon prit alors sa cuillère sans cesser de fixer Marie qui s'en aperçut.

– Qu'est-ce que tu as à me regarder comme ça ?

– Rien, maman, rien ! Ou si… Je… Je trouve que tu es belle…

Sa mère ne put réprimer un léger sourire et haussa les épaules avant de lâcher :

– Pfff ! Ne dis donc pas de bêtises… Je suis vieille. J'ai trente-neuf ans. À mon âge, on ne peut plus être belle…

– N'empêche… souffla Jules.

– Allez, mange ! Demain, tu travailles et tu dois être debout à trois heures du matin, comme d'habitude.

Jules souffla sur sa cuillère pleine de soupe brûlante, affolant la vapeur qui s'en échappait. Sa mère avait bien trente-neuf ans, mais elle était encore belle, il en était sûr, avec ses cheveux très noirs, toujours relevés en chignon, et ses yeux d'un superbe gris-vert. Les conditions de travail parfois terribles sur le bateau-lavoir marquaient la peau de son visage et lui rosissaient les joues, mais, loin de l'enlaidir, cela lui donnait une gravité sobre qui la faisait rayonner. Seules ses mains si souvent plongées dans l'eau glacée étaient abîmées.

« Belle, pensa-t-il. Maman est belle… Anne aussi… »

Il se hâta de porter la cuillère à sa bouche afin de ne plus penser aux bouleversements qui se produisaient en lui depuis peu. Il ne s'était encore jamais inquiété de savoir si Marie était belle ou pas. C'était sa mère, tout simplement. Avant ce dimanche de mars, il n'avait jamais remarqué qu'une fille pouvait être belle. Anne était la première…

Sa soupe terminée, Jules mangea un peu de fromage de chèvre à l'échalote tartiné sur du pain, puis il embrassa sa mère et partit se coucher. Il garda la porte de sa chambre ouverte pour laisser entrer un peu de lumière et passa sa chemise de nuit de grosse toile blanche. Il s'assit sur son lit, fixa celui de Charles et se souvint de ce que son frère lui avait dit un soir, en se couchant, lors de sa dernière permission :

– Tu peux pas savoir comme c'est bon de dormir dans un vrai lit.

– T'as pas de lit, à la guerre ?

– Oh, non ! C'est très rare ! Et encore, faut pas que je me plaigne. Moi, en tant qu'artilleur, je couche souvent dans une cagna.

– Une cagna ?

– Un abri. Je dors sur une paillasse ou un tas de paille. Le sort des copains dans les tranchées est beaucoup moins enviable…

Jules se demanda alors où dormait Charles en ce moment, puis il prit sa lettre dans sa poche de pantalon et la relut. Ensuite, il la rangea dans le tiroir de sa table de nuit, sortit la photo que son frère avait envoyée. Ils étaient sept soldats sur ce cliché, avec, à droite, un officier coiffé d'un képi. Charles se tenait au centre et portait un casque. Il souriait. Cette photo avait été prise à proximité du front car, derrière eux, se dressaient les vestiges de trois troncs d'arbre hachés par la mitraille.

L'adolescent rangea la photo avec la lettre, ferma la porte de la chambre et se glissa entre les draps, sous l'énorme édredon rouge.

Le lit était glacé, mais Jules ne frissonna pas longtemps.

« Demain, pensa-t-il, le chef des Américains vient inspecter le camp. J'irai traîner par là après le boulot… »

Et il s'endormit en pensant à ces lignes de Charles qui lui réchauffaient le cœur :

« Aux dires de tous les poilus qui sont en contact avec les Américains, ce sont de bons garçons, francs, aimant plaisanter, mais aussi durs à la fatigue, braves au combat. Je crois qu'ils ne nous causeront aucune déception et qu'au contraire, ils dépasseront nos espoirs. »

Le lendemain matin, Jules, qui laissait traîner ses oreilles chaque fois qu'il passait dans la boutique, entendit Marthe Lepage, la voisine des Jouzeau, annoncer :

– Le général Pershing est arrivé par le train. Monsieur Ragot le maire de Saint-Aignan l'a accueilli à la gare. C'est un bel homme qui présente bien. Il est grand, vraiment grand, élégant aussi, et il a l'air de savoir ce qu'il veut. Pas étonnant que ses hommes le respectent…

Jules eut encore plus envie d'aller le voir. Il en parla beaucoup pendant le travail et, sitôt le repas terminé, son patron l'autorisa à partir.

– Mais… j'ai pas fini de nettoyer le fournil.

– C'est pas grave ! Je le ferai moi-même. Tu as déjà bien avancé et puis, tu ne tiens plus en place, ajouta René en tirant sur sa moustache.

– Merci ! Oh, merci !

Et Jules partit.

Il s'arrêta sitôt la porte de la boutique franchie.

Le Champ-de-Foire s'offrait à lui, avec son animation habituelle. Tirée par six chevaux, une charrette américaine portant une citerne le traversait, trois soldats juchés dessus. Des enfants se rendaient à l'école, les garçons habillés d'un sarrau noir, les filles d'une blouse en tissu vichy. Quelques groupes d'adultes discutaient. Marcel Deroche, le vieux vigneron, toujours élégant avec son large chapeau, arrivait de la route de Saint-Aignan. Jules le salua en souriant :

– Bonjour, monsieur Deroche !

– Bonjour, Jules ! Comment ça va ? Et Marie ? Et Charles ?

– Tout le monde va bien ! Maman est au travail et on a reçu une lettre de Charles hier. Son moral remonte, surtout depuis que les Américains sont là !

– Alors tant mieux, tant mieux…

– En parlant des Américains, vous savez où est le général Pershing en ce moment ?

– Je sais pas trop, mais je crois qu'il est du côté de la nouvelle voie de chemin de fer ou de l'hôpital. Dépêche-toi si tu veux le voir. J'ai entendu dire qu'il comptait ensuite se rendre au camp de Gièvres…

Jules remercia le vieil homme et partit en courant. Il n'y avait effectivement pas de temps à perdre. Il le regretterait trop s'il ratait le général.

Jules se précipita vers le nouveau quai, en direction de la ferme du Petit-Mont.

Un train s'époumonait dans le lointain lorsqu'il arriva à proximité. Son cœur se serra.

– Pershing est dedans, je parie…

Il courut pourtant en direction de l'hôpital, contourna le cimetière sans ralentir et arriva devant l'entrée de l'établissement au moment où une auto sortait, précédée de motos. Assis sur le siège arrière, il aperçut un officier, casquette plate sur la tête. Il ne put croiser son regard en partie dissimulé par la visière et eut juste le temps de distinguer sa petite moustache. Impossible de savoir s'il était grand, et encore moins s'il s'agissait de Pershing.

Les véhicules s'éloignèrent en direction de Romorantin. Jules donna un coup de pied dans un caillou et pesta :

– Cornes de bouc !

Quelqu'un l'apostropha dans son dos avec un soupçon d'accent :

– Tu as l'air déçu. Qu'est-ce qui t'arrive ?

Jules se retourna et découvrit un Sammy. L'homme était un peu plus grand que lui, presque de la taille de Charles, et portait son *campaign hat* un peu de travers. Il lui sourit et répéta sa question :

– Qu'est-ce qui t'arrive ?

– Je voulais voir le général Pershing et je crois que je l'ai raté…

– Eh oui, il est parti. Tu aurais vraiment voulu le voir ?

– Ben… Ben, ouais ! J'aurais aimé… Seulement, je travaillais ce matin.

Le soldat fouilla dans la poche, en haut, à gauche de sa veste et en sortit un petit étui de papier qu'il tendit à Jules.

– Tu en veux un ?

L'adolescent regarda l'étui, puis l'homme, à qui il demanda :

– Qu'est-ce que c'est ?

– Un chewing-gum !

– Ah ! C'est ça, un chewing-gum ?

La dernière fois qu'il avait rencontré Anne, rue de la Gare, elle mâchait quelque chose, plus belle que jamais. Elle lui avait expliqué qu'un soldat lui avait offert un chewing-gum, et que cette friandise était délicieuse.

D'un coup de pouce, le Sammy fit sortir une tablette.

– Tiens, prends ! Je te l'offre avec plaisir.

Jules obtempéra. D'une main hésitante, il le saisit, en retira le papier beige. Il apparut, d'un vert très clair, couvert d'une fine poudre blanche. Il le porta à sa bouche où, maladroit, il le fourra en entier.

Le Sammy sourit et lâcha :

– *My God*, tu es gourmand !

Jules laissa le goût l'inonder. D'abord celui du sucre, puis une forte saveur de menthe qui lui dégagea les narines. Il se risqua ensuite à mâcher, sous l'œil amusé du soldat.

– C'est très bon, finit-il par reconnaître.

Le Sammy lui tendit alors son paquet.

– Tiens, prends tout ! J'en ai autant que j'en veux à l'YMCA[1] et ça ne me prive pas.

Jules accepta et remercia l'homme en fourrant les chewing-gums dans sa poche.

– Comment tu t'appelles ? demanda le soldat.

– Jules… Jules Aubert… Et… Et vous ?

Le Sammy sourit de plus belle et lança sur un ton rieur :

– Il faut me tutoyer ! Je m'appelle John Toomey. Je suis infirmier à l'hôpital. Et toi, qu'est-ce que tu fais dans la vie ?

– Je suis apprenti boulanger chez M. Jouzeau, sur le Champ-de-Foire.

– Alors tu fais du très bon pain !

– Ce… C'est pas moi, c'est mon patron. Moi, je l'aide seulement. J'apprends le métier et il faut du temps pour devenir boulanger. Vous… Tu aimes le pain français ?

– J'adore, mais je n'aime pas que le pain en France. J'aime le pays tout entier. Ses gens, ses paysages, ses coutumes. Tout, je te dis !

L'homme leva alors son bras gauche, souleva sa manche et regarda son poignet.

– Tu… Tu as une montre-bracelet ? s'étonna Jules. Nous, on n'a que des montres de gousset.

---

1. Initiales de Young Men's Christian Association (Association chrétienne de jeunes gens). Il s'agit ici d'un foyer pour soldats, interne au camp.

– C'est très pratique… Mais il faut que je te quitte. Je dois prendre mon service.

– On… pourra se revoir ?

– Bien sûr ! Tu n'auras qu'à me demander à la sentinelle de l'hôpital. John Toomey. Je m'appelle John Toomey. T, deux O, M, E, Y. Tu t'en souviendras ?

– Évidemment !

Jules ne rentra pas directement chez lui mais passa par la cave où il écrivit une nouvelle lettre à son frère. John Toomey allait devenir son ami américain et il voulait partager son bonheur. Il lui relata leur rencontre. Il lui raconta ce qu'on disait de Pershing dans le village. Il lui parla de ce délicieux chewing-gum qui lui parfumait encore la bouche. Il lui en glissa même une tablette dans l'enveloppe, précisant qu'il lui en donnerait beaucoup d'autres lors de sa prochaine permission.

Enfin, il fit un nouveau crochet sur le chemin du retour pour poster la lettre afin qu'elle parvienne sans tarder à son destinataire.

Cinq heures sonnaient. Jules se souvint que son amie Marcelle lui avait proposé de passer chez elle : elle avait une surprise pour lui. Intrigué et essoufflé, il arrivait en vue de son imposante maison.

– *Five… ! Six… ! Seven… ! Catch the ball, Skinny !*[1]

1. Cinq… Six… Sept… Attrape la balle, maigrichonne !

– C'est trop dur… Tu lances trop fort !

Ébahi, Jules assistait à un drôle de spectacle. Ce n'était décidément pas un jour comme les autres : dans la cour, devant chez elle, Marcelle et un jeune soldat, tous deux équipés d'un gant en cuir, se lançaient une petite balle blanche.

– Bonjour, Jules ! claironna la jeune fille. Te voilà enfin ! Je te présente William ; il est interprète pour le camp et il loge chez mes parents. Il m'apprend un jeu de chez eux, le base-ball, ça s'appelle ; enfin, il essaie !

William s'avança vers Jules et lui donna une franche poignée de main.

– Bonjour ! Tu veux jouer, toi aussi ? Marcelle va te prêter son gant, qui sert à attraper la balle sans se faire mal à la main. Après, je te montrerai comment on utilise la batte, dit-il en désignant une sorte de massue.

– Merci, dit Jules qui enfila l'énorme gant avec difficulté sur sa main gauche.

Ils s'éloignèrent d'une dizaine de pas et commencèrent à s'envoyer la balle. Après plusieurs échanges maladroits, Jules gagna en confiance. William lançait de plus en plus fort, riant et félicitant le jeune homme. Tout à coup, la balle dure comme une pierre arriva trop vite sur la poitrine de Jules, qui, en voulant se protéger avec le gant, dévia sa trajectoire vers son menton. Il accusa le coup en se pliant vers l'avant.

– *Oh, sorry !* Pardon ! s'excusa William.

– Jules, ça va ? s'inquiéta Marcelle, déjà près de lui.

Le garçon se tenait le visage à deux mains, mais il la rassura :

– Oui, t'inquiète pas !

Il ne voulait pas montrer sa douleur et recommença à jouer en essayant de reprendre un peu d'assurance. Au bout d'une minute, il décida cependant d'arrêter l'expérience.

– Je vais rentrer à la maison. J'ai promis à maman de travailler dans le jardin ce soir. Je te laisse jouer, Marcelle. Tu es plus douée que moi ! Merci quand même, et à bientôt ! Salut, William !

Sur ces mots, un peu honteux, l'adolescent reprit la rue de la Mardelle en sens inverse.

La nuit était encore loin de tomber quand Jules arriva chez lui. Il découvrit sa mère assise à la table, le front baissé, secouée de sanglots. Il eut un affreux pressentiment.

– Maman, qu'est-ce qui se passe ?

La jeune femme releva la tête. Le visage ravagé par une effroyable douleur, elle parvint à lâcher :

– Monsieur le maire est passé me voir au bateau-lavoir... C'est Charles... Charles... a été tué... Il est... mort... Nous ne le reverrons jamais...

CHAPITRE 4

PLUS JAMAIS COMME AVANT

Les nuages déversaient leurs cataractes énormes qui crépitaient sur les capotes des poilus terrés au creux des tranchées, baignant jusqu'à mi-mollet dans un magma visqueux.

Deux silhouettes dégoulinantes débouchèrent du boyau qui arrivait de l'arrière. Le premier homme s'approcha de la sentinelle, à qui il demanda, contraint de forcer la voix à cause de la pluie :

– Où est ton capitaine ?

Le fantassin secoua la tête, puis donna un coup de menton vers la gauche.

– Là-bas, indiqua-t-il, dans la cagna !

Les nouveaux venus partirent dans la direction indiquée, le deuxième tirant derrière lui le fil qui sortait du dévidoir dont il était chargé.

– Qu'est-ce que vous foutez là ? demanda le capitaine en les voyant entrer.

– Sergent Charles Aubert, à vos ordres, mon capitaine ! Mon téléphoniste et moi venons aider à régler le tir…

– Le tir ? Quel tir ?

– Celui qui sera déclenché dans quelques minutes, mon capitaine.

– Mais, on n'a pas besoin de tir en ce moment ! Le temps est suffisamment pourri pour que personne ne pense à attaquer. Les Boches sont logés à la même enseigne que nous…

– Ce sont les ordres, mon capitaine.

– Eh bien, faites votre boulot ! Je vais sortir à la porte de la cagna. Mes hommes resteront à l'abri…

Quelques instants plus tard, les deux artilleurs prirent position dans la tranchée et courbèrent le dos, autant pour atténuer les effets de la pluie diluvienne qu'en prévision des tirs.

Ils n'eurent pas à attendre longtemps. Un obus de 75 fusa puis explosa dans le no man's land[1], *dix mètres devant la tranchée. Charles gronda dans le téléphone :*

– Un peu plus long, les gars ! Vous avez failli nous le faire péter à la gueu…

Le malheureux n'eut pas le temps de rentrer la tête dans les épaules. L'obus allemand qui explosa à son tour le tua net.

– Charles !

Jules s'assit dans son lit, en sueur. Il venait de cauchemarder.

Il entendit sonner les cloches de l'église, signe que le vent était orienté plein est. Il se leva sans bruit, passa dans la cuisine-salle à manger où il alluma une bougie qu'il approcha de la pendule.

– C'est ce que je pensais ! souffla-t-il. Il est deux heures et demie. Pas la peine que je me recouche…

---

1. Zone comprise entre les premières lignes des deux armées ennemies.

Alors, aussi silencieux que possible, il s'approcha de la cuisinière, rechargea le foyer sur les braises qui rougeoyaient encore, poussa la cafetière sur les ronds de fonte qu'il venait de remettre en place. Après quoi il versa un peu de l'eau du broc dans la cuvette se trouvant dans l'évier, puis il fit sa toilette.

Il s'habilla ensuite dans sa chambre, mais ne retourna pas immédiatement dans la salle voisine. Son regard s'arrêta sur le lit de son frère et une immense détresse l'envahit.

La guerre, jusqu'à la mort de Charles, il ne savait pas vraiment ce que c'était, sinon des soldats, des blessés, le mutilé de Saint-Aignan, des combats dont on parlait, de l'héroïsme, des Sammies défilant dans les rues et cette haine envers les Boches. Il y avait aussi ces morts, ces hommes qu'on disait tués à l'ennemi[1], disparus ou décédés des suites de leurs blessures, qu'on ne reverrait jamais. Même s'il avait pu constater le chagrin de ceux qui avaient perdu un ou plusieurs des leurs, il n'avait pas encore mesuré toute l'horreur de la guerre. Là, il en prenait conscience devant le lit de son frère éclairé par la lueur fragile de la bougie. Plus jamais il ne verrait l'édredon rouge se soulever au rythme de la respiration de Charles.

1. Terme employé par les autorités pour désigner les soldats morts au combat.

Un effroyable chagrin le submergea, mais, si des larmes coulèrent en silence sur ses joues, il parvint à maîtriser ses sanglots. Il ne voulait pas réveiller sa mère qui avait dû éprouver toutes les peines du monde à trouver le sommeil. Depuis l'annonce de la mort de son fils aîné, Marie semblait avoir cessé de vivre.

Jules sortit la photo de son frère et admira son visage. Plus jamais il ne lui sourirait.

– Plus jamais, gémit-il d'une voix blanche.

Il eut alors envie de le venger, d'aller enfin se battre, mais il pensa à l'abominable douleur de sa mère. Pour la première fois, il se dit qu'elle n'avait plus que lui pour la protéger. Jusque-là, c'était elle qui veillait sur lui. Dorénavant, les rôles seraient inversés. Il la croyait si forte et, en si peu de temps, elle était devenue terriblement vulnérable. Il regarda une dernière fois la photo, la rangea avec précaution, puis passa dans la cuisine où il tenta de prendre normalement son petit déjeuner.

La journée devait être normale !

Il devait aller travailler comme d'habitude. Il l'avait promis à Marie. Elle ne lui avait rien demandé, mais il avait deviné que seule une vie ressemblant le plus possible à celle d'avant pourrait l'aider à supporter sa douleur.

Les Américains s'occupaient de leurs chevaux près de la ferme de la famille Hubert, au-dessus de la Mardelle.

Comme chaque après-midi, le petit Pierre, du haut de ses quatre ans, s'était installé derrière le muret qui dominait le champ où paissaient quelques animaux.

Un Américain du nom de Franck Roller amenait justement un bel étalon, élancé, musclé, avec une superbe robe baie. Il allait ouvrir la barrière pour parquer l'animal quand il redressa la tête et aperçut Pierre, à qui il sourit. L'enfant lui rendit son sourire et le soldat lui proposa :

– Tu caresser la cheval ?

Son français était hésitant, mais l'enfant le comprit et, peu après, soulevé par le Sammy, il glissait sa main sur la crinière de l'animal, le visage fendu d'un large sourire.

Au même instant, à l'autre bout du village, Jules sortait de la boulangerie.

Il s'était abruti de travail, mais, maintenant, il se retrouvait face à son chagrin.

Le Champ-de-Foire était presque vide. Heureusement, car il n'avait pas envie de parler, encore moins d'avoir à supporter des condoléances. Il ne voulait pas non plus rentrer chez lui ni aller à la cave.

Il hésita sur le seuil de la boutique puis, finalement, il traversa la place et partit vers l'est.

L'adolescent entra dans le cimetière américain quelques minutes plus tard. Une troisième tombe venait d'être creusée. Il passa les deux premières en revue, puis s'arrêta devant la dernière, celle d'un certain Charles Edwards.

Jules fixa le prénom du malheureux, aspira une grande bouffée d'air et laissa libre cours à son chagrin. Sa vie entière s'effondrait. Il ne reverrait plus jamais Charles, son frère, et la souffrance serait toujours là. Jamais. Toujours. Il réalisa que son existence oscillerait entre ces deux mots, au gré de sa douleur et des souvenirs qui lui laboureraient l'âme.

L'adolescent était seul, terriblement seul, seul avec Marie dont il était le dernier rempart, seul pour la protéger, seul pour l'aimer. Il avait peur. Il ne se sentait pas à la hauteur.

Un espoir insensé lui gonfla le cœur. Charles… n'était pas mort. L'armée s'était trompée et avait mal informé M. le maire.

Et puis non ! La guerre ne connaissait pas de miracles.

Charles était mort.

Deux mains se posèrent alors sur ses épaules. Il frémit, mais ne se retourna pas.

– Qu'est-ce que tu fais ici, garçon ?

Charles reconnut la voix de John Toomey. Il ne bougea pourtant pas davantage.

– Qu'est-ce qui t'arrive, Jules ?

Le Sammy le fit doucement pivoter, souleva son menton encore douloureux et découvrit son visage. Alors, il se pencha et, d'une voix douce, il proposa :

– Dis-moi ce qui ne va pas ! Peut-être que je pourrai t'aider…

Jules n'avait pas envie de confier son malheur. Il ne voulait pas parler de la mort de son frère, comme si l'évoquer allait la concrétiser, le contraindre à l'admettre.

John lui offrit un pauvre sourire ; pas un sourire de compassion, plutôt une invitation amicale quelque peu embarrassée, terriblement humaine. Il exerça une légère pression sur les épaules de Jules et, finalement, celui-ci lâcha :

– C'est… C'est Charles, mon frère…

– Le soldat, là, c'est ton frère ?

– Non… Non, mon frère, Charles… est mort…

Une nouvelle vague de chagrin submergea Jules. John se redressa et le serra contre lui, lui offrit sa chaleur, la tendresse dont l'adolescent avait précisément besoin.

– Je… Je comprends, finit par lâcher le Sammy. Je comprends ta douleur, gars. Pleure, pleure autant qu'il le faut… et ne dis rien de plus si cela te convient. Je n'ai pas besoin de savoir. J'ai compris…

Ils restèrent ainsi de longues minutes, aussi longtemps que Jules en éprouva le besoin, puis ils se détachèrent sans un mot et repartirent chacun de leur côté.

Jules ne se retourna pas car il savait qu'il pourrait revenir quand il le voudrait, que John serait toujours là. À cet instant, il eut un espoir : peut-être que cet infirmier américain serait… oui, peut-être… mais l'heure n'était pas à imaginer davantage.

La vie quotidienne reprit ses droits. Jules veillait à ce que le rythme habituel ne soit pas perturbé. Cette routine était une protection. Marie n'eut même pas à se vêtir de noir, puisqu'elle n'avait jamais abandonné le deuil de son mari. Mère et fils pensaient sans cesse à Charles. Il était là, au plus profond de leur cœur et, s'ils n'échangeaient jamais un mot à son sujet, ils partageaient les mêmes souvenirs. Cela atténuait un peu la douleur de Jules, et celui-ci espérait qu'il en était de même pour sa mère. Hélas, Marie ne laissait rien voir. Elle semblait s'être fermée aux autres et, quand elle s'adressait à son fils, ce n'était que pour les choses de la vie courante. Jules avait rencontré Émilie Paupelin, une de ses amies lavandières du bateau-lavoir, qui lui avait révélé que Marie ne parlait pratiquement plus.

Jules revit John par hasard.

Mais en était-ce vraiment un ?

C'était un dimanche. Les nouvelles recrues du 120e *machine gun battalion*[1] étaient en formation et leur fanfare donnait une aubade sur le Champ-de-Foire.

---

1. Bataillon de mitrailleuses.

John était de dos, mais Jules le reconnut. L'infirmier écoutait le concert, appuyé contre un arbre. L'adolescent se campa à ses côtés et demeura ainsi, immobile, silencieux, jusqu'à la fin du morceau. Enfin, la dernière note évanouie, il se tourna vers lui. Une formidable émotion lui étreignait la poitrine et il lança sur un ton qu'il voulut le plus naturel possible :

– Bonjour, John !

– Bonjour, Jules !

Ils se sourirent, écoutèrent le morceau suivant, le cœur à l'unisson, puis Jules proposa :

– On va se balader ?

– Balader ?

– Se promener.

– Si tu veux !

Jules savait où il allait emmener son ami.

Ils rencontrèrent Anne au moment de quitter la place. La jeune fille était toujours aussi belle dans sa tenue du dimanche, parfaitement coiffée. L'adolescent ne put résister au plaisir de lui présenter l'infirmier américain.

Un bon quart d'heure plus tard, Jules et John s'assirent à l'entrée de la cave.

– C'est mystérieux, ici, reconnut le soldat. C'est beau aussi.

L'adolescent lui raconta l'histoire de l'endroit. Il lui montra la chauve-souris, toujours fidèle au rendez-vous.

Il lui parla surtout de Charles et de ce lieu dont ils partageaient le secret. Il lui confia aussi qu'il avait appris sa mort le jour où ils s'étaient rencontrés.

John parla à son tour. Il expliqua qu'il venait de Chelsea, une petite ville du Massachusetts[1]. Il lui révéla qu'il avait passé une partie de son enfance à Paris où son père avait servi comme garde à l'ambassade des États-Unis.

– Pourquoi t'es pas interprète ? demanda Jules. Y en a un, William, qui loge chez Marcelle Méry, une amie qui habite au bout de ma rue. Tu parles très bien français, toi.

– Je me sens plus utile là où je suis.

Ils parlèrent ensuite du conflit et de ses horreurs, du courage des soldats, des souffrances qu'ils enduraient. John n'avait encore jamais combattu. Il n'avait même jamais approché le front, mais son travail l'amenait à constater les ravages causés par les combats. Il lui dit aussi qu'il avait souvent honte de vivre la guerre à l'arrière.

Jules lui parla de son désir de se battre, mais aussi de sa toute récente prise de conscience, celle d'être le dernier à pouvoir protéger sa mère, des sentiments contradictoires que tout cela éveillait en lui.

---

1. État du nord-est des États-Unis dont la capitale est Boston.

CHAPITRE 5

NAISSANCE D'UNE AMITIÉ

C'était une de ces journées où le printemps, enfin installé, pointe le bout de ses tendresses et offre ses infinies douceurs, une de ces journées où on se dit que le malheur finira bien par rendre gorge.

Marcelle Méry devait livrer une robe neuve au château de Saint-Aignan. Elle montait l'allée bordée de marronniers, d'un pas tranquille, le cœur léger, bercée par le chant des oiseaux amoureux.

De l'autre côté du Cher, son ami Jules rentrait du travail. Très fatigué, il devait absolument se reposer. Il dormait si peu ces derniers temps, peinant à fermer l'œil, cauchemardant sans cesse. En plus, à l'image de tous les commerces de la région, la boulangerie Jouzeau, comme celle des Perrochon, route de Blois, tournait à plein régime et la tâche était lourde. Les Américains dépensaient leur solde sans compter.

Il poussa le portail de bois et aperçut le paquet. Le facteur l'avait sans doute déposé le matin même.

Deux jours plus tôt, sa dernière lettre envoyée à Charles lui était revenue. Il l'avait aussitôt jetée dans la cuisinière.

Jules observa l'objet avant de le prendre, avec l'œil méfiant de celui qui redoute un piège. C'était une boîte marron un peu plus petite qu'un carton à chaussures, fermée par une ficelle blanche.

D'une main hésitante, il saisit le paquet et le retourna. Il lut l'adresse puis, dans l'angle en haut, à gauche, il vit un cachet de l'armée.

Jules entra dans la maison, déposa le paquet sur la table avant de rejoindre sa chambre où il tenta de dompter son inquiétude. En vain.

Une demi-heure plus tard, il poussa la porte du débarras, prit la bêche et retourna la terre dans le jardin, multipliant les efforts à la limite du raisonnable.

Marie revint du travail à la nuit tombante. Jules finissait de bêcher après avoir ravivé le feu dans la cuisinière, mis la soupe à chauffer et dressé la table. Elle le regarda, étonnée, mais ne prononça pas un mot.

– Il le fallait, maman ! se justifia-t-il. J'arrivais pas à me reposer.

Marie découvrit le visage de son fils.

– Qu'est-ce… parvint-elle à gémir.

– Y a… Le facteur a apporté un colis… Je… Je l'ai pas ouvert. Il est sur la table…

Marie se précipita et, le châle toujours sur les épaules,

saisit la boîte, coupa la ficelle et souleva le couvercle, fébrile.

Une feuille de papier se trouvait dessus. La jeune femme la retira sans la regarder puis découvrit le contenu.

– Non ! hurla-t-elle avant de s'effondrer sur la chaise voisine.

Jules s'approcha, passa un bras sur ses épaules et resta ainsi un temps infini. Marie pleurait, laissant filer sa détresse. Le garçon ne savait où poser les yeux. Tout lui rappelait son frère. Il tenta de baisser les paupières, mais l'image de Charles lui apparut, encore plus nette. Alors, comme il aurait affronté une armée de démons, il plongea le regard dans la boîte.

Il aperçut la pipe de son frère, sa montre de gousset, son portefeuille, un paquet de lettres et son mouchoir maculé de sang séché.

Marie pleura de longues minutes puis, soudain, elle le supplia :

– Je ne veux pas que tu partes à la guerre, Jules. Je ne veux pas qu'il ne me reste que ça de toi. Je ne veux pas que ta vie se résume à un paquet apporté par le facteur. J'ai besoin de toi, Jules. Je n'ai plus que toi. Tu es ma dernière raison de vivre…

Un oiseau chantait sur une branche, ciselant l'air de ses notes gaies.

Jules était assis à l'entrée de la grotte. Il regardait John graver la pierre avec son couteau. Les trois lettres USA entremêlées étaient maintenant bien visibles.

– J'écris aussi mon nom, mon État d'origine et mon régiment…

– Comme pas mal de tes copains l'ont déjà fait un peu partout sur les murs et dans les caves du coin…

– Oui, mais moi, je les grave ici, au cœur de notre refuge secret…

Le tuffeau très tendre se prêtait bien aux graffitis et John acheva son œuvre en quelques minutes. Il vint ensuite s'asseoir auprès de son ami.

La pénombre était douce, rassurante, idéale pour des confidences.

– Il y a deux jours, avoua l'adolescent, on a reçu la boîte avec les affaires de Charles. Sa pipe, les lettres que maman et moi lui avions envoyées, son mouchoir taché de sang…

– Ça a dû être terrible…

– Plus que ça ! Surtout pour maman. Jusqu'à maintenant, on n'avait que les paroles de monsieur le maire. Ma lettre était revenue aussi, mais je l'avais mise au feu sans que maman la voie. Là, on a reçu les preuves de la mort de Charles. C'était terrible… terrible…

– Je… Je comprends. Je n'ai qu'un frère et il est plus jeune que moi, mais j'imagine combien mes parents et moi souffririons s'il venait à disparaître. Et puis… Et puis, avec mon métier, je côtoie la mort de près. Je ne m'y habituerai jamais, même si j'ai appris à garder mes distances, à me faire une carapace. Surtout que je ne vois mourir que de jeunes gars comme ton frère. Foutue guerre !

– Il y a belle lurette que je veux partir me battre, mais je suis trop jeune…

– Tu as le temps, Jules… N'oublie pas ta mère.

– J'y pense. J'y pense même tout le temps. Elle m'inquiète. L'autre jour, elle m'a fait promettre de ne pas l'abandonner… Seulement, je pense aussi que mon devoir est d'aller me frotter aux Boches. Ici, j'ai l'impression de servir à rien.

– Là, je ne suis pas d'accord ! D'abord, tu es très utile à ta mère. Ta présence, l'amour que vous vous portez lui sont indispensables. Elle sait que tu es là, tout près, que tu ne cours guère de dangers. Si tu partais te battre, elle craindrait sans cesse pour toi. Surtout maintenant. Ensuite, tu es apprenti boulanger. Tu apprends à faire du pain. Et le pain, c'est la France ! Imagine ce que deviendraient les habitants de Noyers si ton patron et toi ne faisiez plus de pain.

– D'abord, on n'est pas la seule boulangerie de Noyers. Ensuite, les Nucériens remettraient en marche le vieux four banal ! Celui de La Hémonnière est encore en très bon état.

Ce ne serait pas pareil ! Le pain que vous fabriquez les aide à garder le moral. La boulangerie est un lieu de rencontre, un lien entre les habitants…

Ils discutèrent encore longtemps. John écouta Jules avec une attention extrême et l'aida à y voir plus clair.

Finalement, le Sammy proposa :

– Si je t'emmenais manger des *doughnuts* ?

– Des doughnuts ?

– Ce sont des beignets que nous adorons, nous, les Américains. Les doughnuts font partie de notre vie, comme le pain de la vôtre. On va aller en chercher à la boulangerie du camp et ensuite, on ira à Saint-Aignan. Je voudrais te montrer quelque chose, ça te changera les idées…

– La boulangerie américaine de la Mardelle, près de la gare ?

– Bien sûr ! Tu connais ?

– J'habite pas très loin et je passe devant chaque fois que je viens dans le bourg. Elle est immense…

– Eh ! C'est qu'il faut nourrir beaucoup de monde.

Jules ouvrait de grands yeux, mais même ainsi, il ne parvenait pas à tout observer.

– Fantastique ! souffla-t-il, incrédule, en apercevant les quantités de moules à pain empilés. Si mon patron voyait ça !

La boulangerie du camp américain était une véritable usine avec plusieurs pétrins mécaniques, de gigantesques fours, des sacs de farine en quantité, des montagnes de pains parallélépipédiques prêts à être servis et un nombre incroyable d'ouvriers qui travaillaient dans la bonne humeur, s'apostrophant sans cesse, riant, chantant.

John laissa Jules contempler le spectacle quelques minutes, puis il lança :

– Bon ! Si on allait chercher nos doughnuts ?

Ils revinrent vers l'entrée où deux soldats en combinaison de travail brune vendaient des beignets ronds, grands comme la paume de la main et troués au milieu. John en acheta quelques-uns, puis discuta un peu avec l'un des vendeurs.

Quelque temps plus tard, alors qu'ils marchaient en direction de Saint-Aignan en savourant leurs beignets, Jules remarqua :

– C'est incroyable comme tu peux passer d'une langue à l'autre ! Tout à l'heure, tu parlais anglais avec le boulanger américain et maintenant tu parles français avec moi. Tu as de la chance !

– Oui, c'est vrai. Parler deux langues, ça veut dire avoir deux fois plus d'occasions de rencontrer des gens… et j'adore ça, discuter avec eux, essayer de comprendre comment ils vivent, pourquoi ils pensent comme ci, comme ça… C'est fantastique de comprendre parce que, quand on comprend, on peut aimer…

– Justement, en parlant de comprendre, tu… tu connais cette chanson ? J'aimerais savoir ce qu'elle raconte.

Jules fredonna les quatre premiers vers de *It's a Long Long Way to Tipperary*. John l'accompagna dès le deuxième et continua jusqu'au huitième et dernier du refrain.

– Alors qu'est-ce qu'elle raconte, cette chanson ?

L'infirmier la traduisit et Jules nota les paroles françaises à la dernière page de son carnet.

Une moto pétaradante arrivant du quai tourna à droite et s'engagea sur le pont au moment où les deux amis finissaient de le traverser. Son pilote les salua d'un geste de la main, souligné d'un tonitruant : *John, hello !*

L'infirmier lui rendit son salut, alliant lui aussi le geste à la parole, puis expliqua :

– C'est Mike Torpey, un très chic type ! Il va bientôt partir pour le front. Il n'en peut plus d'être ici alors que les copains se battent…

– Ah, tu vois, je suis pas le seul !

– Oui, mais lui, ce n'est pas pareil. Il est déjà militaire.

– N'empêche…

– Qu'est-ce qu'il fait, ici ?

– Infirmier, comme moi.

– Mais tous les infirmiers ne partent pas sur le front, protesta Jules. Et puis, il y a aussi des infirmières et, elles, elles restent ici.

– Pas davantage que nous ! Certaines travaillent dans les hôpitaux près du front.

Ils arrivaient à hauteur d'une boutique peinte en marron, sans aucun décor sinon une pancarte au-dessus de la porte et une simple enseigne où étaient écrits deux mots en anglais.

– Qu'est-ce que ça veut dire, *Military Tailors* ?

John sourit et commenta :

– Tu as un accent bien français. Écoute comment on prononce.

L'infirmier répéta les deux mots et demanda à Jules de l'imiter. L'adolescent le fit avec crainte, mais ne s'en sortit pas trop mal.

– *Good job, my friend !* Bravo cher ami ! Tu devras encore faire des progrès, mais c'est un bon début. Voici la réponse à ta question : *military* signifie... ?

– Militaire ?

– Exact. Et *tailors* veut dire « tailleurs ». Tu as donc devant toi une boutique de tailleurs militaires. Les soldats qui le souhaitent peuvent faire retoucher leurs uniformes, les officiers principalement.

– Et là-bas, le panneau à côté du tabac ?

Il montrait une pancarte où était écrit : *Movies every night.*

– *Movies*, ce sont les films, et *every night* veut dire « tous les soirs ». Il indique la direction du cinéma qui fonctionne chaque soir. Tu es déjà allé au cinéma ?

– Oh, non ! J'en ai seulement entendu parler, mais

jusqu'à maintenant, il n'y en avait que dans les villes, et pas toutes encore ! Ici, c'est nouveau…

– Alors, si tu veux, nous irons un dimanche soir, pour que tu puisses te reposer le lundi.

Les deux amis continuaient leur chemin, quand soudain :

– Jules !

D'une fenêtre grande ouverte, à l'étage d'une maison qui faisait le coin de la rue, Marcelle, son ouvrage de couture à la main, leur souriait.

– Marcelle !

– Alors, tu t'es bien remis de la leçon de base-ball ? s'esclaffa la jeune fille.

Jules ne souhaitait pas revenir sur cette douloureuse expérience et déclara :

– John, voici mon amie Marcelle dont je t'ai parlé ; c'est chez elle que loge un des interprètes américains du camp.

– Enchanté de faire votre connaissance, mademoiselle ! Mais de quelle leçon de base-ball parlez-v… ?

Heureusement pour Jules, la tante de Marcelle, chez qui elle était apprentie, mit fin à la conversation :

– Allez, Marcelle, gronda-t-elle gentiment, arrête de bayer aux corneilles et dépêche-toi de finir ces boutons. Il faut la livrer demain, cette robe de mariée…

John et Jules reprirent leur marche et s'apprêtaient à remonter la rue de la Boucherie quand des éclats de voix attirèrent leur attention vers la rue Dureau, sur leur droite. Des Sammies portant un brassard bleu orné de deux lettres blanches – M P – propulsaient sans ménagement d'autres soldats à l'extérieur du *Café des Arts*.

– Hou, hou ! commenta John. Les MP[1] font le ménage. J'en connais qui vont passer quelque temps en prison.

– Les MP ?

– Les MP, ce sont ces soldats au brassard bleu, un brassard qui permet de les distinguer du reste de la troupe. Les lettres sont les initiales de *Military Police*, la police militaire. Certains soldats ont dû se faire « remarquer » dans le *Café des Arts* et les MP viennent mettre de l'ordre. Ce ne sont pas des tendres et ils ne prennent pas de gants quand ils interviennent. On les respecte beaucoup, on les redoute, même…

– Voilà où je voulais t'amener ! annonça John en montrant la Grand-Place, en haut de la rue Saint-François. On va aller à gauche.

Un attroupement était bien visible. On, entendait aussi des cris et des éclats de voix.

– C'est encore une bagarre et les MP font le ménage ?

– Non ! Pas du tout ! Rassure-toi… C'est une bagarre, en quelque sorte, mais civilisée…

1. Prononcer « aim-pi ».

John se tailla un chemin entre les spectateurs et Jules découvrit deux équipes qui se disputaient un ballon en le faisant rebondir sur le sol. Certains joueurs portaient un tricot blanc et les autres une chemise brune.

– À quoi ils jouent ?

– Au basket ! Tu vois les panneaux avec des cercles de métal à chaque extrémité du terrain. Quand une équipe met le ballon dans le « panier » de l'adversaire, elle marque des points, et celle qui a le plus de points à la fin du match gagne.

John continua d'expliquer les règles à mesure que le match se déroulait et, quand les joueurs quittèrent l'aire de jeu, juste avant de repartir vers Noyers, il fouilla dans sa poche de pantalon, en sortit son *Soldiers' French Course* qu'il tendit à Jules.

– Tiens ! Je te le donne. On nous l'a distribué pour bien comprendre les Français, mais je crois que je les connais beaucoup mieux que tout ce que raconte ce livre.

Jules prit l'objet avec délicatesse, regarda la couverture rouge où un soldat marchait fièrement, le fusil sur l'épaule.

– Tu es sûr qu'il te manquera pas ?

– Bien sûr que non ! Je te dis que je n'en ai pas besoin.

Jules l'ouvrit et s'arrêta sur le calendrier. Seules y figuraient les années 1917 et 1918. Il voulut y voir un signe et espéra très fort que la guerre se terminerait cette année. Mais quel jour ? Et combien de souffrances faudrait-il encore endurer ?

CHAPITRE 6

NOUVEAU DÉPART

Fin juillet 1918. Le soleil écrasait la vallée du Cher sous ses rayons de feu. Lézards, couleuvres et vipères en profitaient, s'exposant sans retenue sur les pierres brûlantes. Dans les vignes, les raisins mûrissaient et la vendange s'annonçait prometteuse. Femmes, vieillards et adolescents venaient d'achever les moissons avec l'aide de Sammies enchantés d'alterner exercices militaires et travaux agricoles. Les tâches se faisaient moins lourdes dans les fermes et chacun pouvait s'offrir quelques minutes de repos et de fraîcheur.

À Saint-Aignan, Marcelle avait ouvert la fenêtre de l'appartement où elle travaillait et, à abri du rideau frémissant sous la brise légère, elle cousait l'ourlet d'un pantalon. Toujours aussi consciencieuse, elle s'appliquait. Cependant, cela ne l'empêchait pas de penser à la pièce d'un dollar en or que lui avait offerte, une semaine plus tôt, William, l'interprète, qui, paquetage bouclé, s'apprêtait à rejoindre le front.

– *Hello*, *Skinny !* lui avait-il dit avec sa familiarité habituelle. Je voudrais te faire un petit cadeau avant de partir.

Il lui avait alors glissé la pièce dans la main et, troublé, était monté en voiture, la saluant de son *campaign hat*. Cette pièce la faisait rêver maintenant.

Une colonne de jeunes recrues américaines arrivait de Saint-Aignan et rejoignait le camp de Noyers. En rang par quatre, ces Sammies venaient d'effectuer un dernier exercice avant de partir pour le front, où ils connaîtraient le baptême du feu.

Maintenant, les habitants de la vallée du Cher savaient que l'afflux de militaires américains avait des retombées économiques importantes. Les commerçants se réjouissaient, par exemple ceux tenant un débit de boisson. Les établissements de ce genre avaient retrouvé leur animation d'antan. Il s'en était même créé onze nouveaux à Saint-Aignan et vingt à Noyers. Assis à une des tables extérieures du *Sabot Rouge*, Désiré Goureau, le garde champêtre, et Gustin Ledoux, son ami vigneron, regardaient passer la colonne.

– Ils vont se frotter aux Boches. Courageux, les Sammies ! lança Gustin.

– Combien vont tomber là-bas ? se demanda Désiré.

– Heureusement qu'ils sont venus nous donner un coup de main !

– Et comment ! Les Anglais ont cédé dans la Somme en mars, les Boches ont à nouveau atteint la Marne avant de reculer et, en ce moment, il paraît que ça chauffe dur du côté de la Champagne, ajouta le garde, à grand renfort de mouvements de bras.

– Pourvu que les poilus tiennent, Désiré, sinon on est foutus ! Heureusement, les Sammies ont remporté leur première vraie victoire, à Cantigny[1]…

Rentré depuis un moment déjà, Jules était assis à la table de la cuisine et, grignotant une tartine de fromage, il savourait ses quinze ans tout neufs d'hier. Il grandissait. Il devenait un homme. Enfin !

Il s'offrait un répit après avoir « travaillé » son anglais chez lui, comme tous les jours depuis que John lui avait offert le *Soldiers' French Course*. Chaque fois qu'il le pouvait, l'infirmier lui dispensait quelques cours supplémentaires et Jules progressait. Maintenant, quand un client américain venait au magasin et que la patronne ne comprenait pas ce qu'il désirait, elle appelait Jules qui servait d'interprète ; un interprète encore très maladroit, mais qui parvenait à démêler la plupart des situations.

Jules aimait aussi feuilleter le *Soldiers' French Course* pour le plaisir. Une dizaine de pages à la fin donnaient la traduction de certains mots d'argot des tranchées. Bien que ces mots

1. Dans la Somme. Après de furieux combats qui se déroulent du 28 au 31 mai 1918, les Américains reprennent le village de Cantigny et les hauteurs qui l'environnent.

soient français, il ne les comprenait pas toujours ; en revanche, leur musique l'enchantait : la blafarde, une ribouldingue, un aminche, un mastroquet, un argousin, une rouillarde, les gambilles[1]… Il saisissait même le sens de certains mots grâce à leur traduction, en anglais. Par exemple, une tortue devait désigner une grenade, un chien de quartier signifiait sans doute un adjudant.

Jules réalisa combien son amitié avec l'infirmier américain avait grandi : il avait du mal à imaginer de passer une journée sans voir John.

Le basket n'avait plus guère de secret pour Jules et, quand il assistait à un match, il en appréciait les subtilités. Il avait aussi rejoué au base-ball avec Anne et Marcelle. Ces sports, si différents de la gymnastique pratiquée autrefois à l'école, le fascinaient.

Mais ce qui l'avait le plus marqué, c'était sa première séance de cinéma en compagnie de John. Les personnages se déplaçaient comme par magie sur le grand drap tendu au fond de la salle obscure et deux cents têtes de soldats ondulaient devant Jules, porté par la musique du piano endiablée. Il y était retourné à plusieurs reprises depuis et avait ri de bon cœur en assistant à la projection de films de Charlie Chaplin : *The Cure* et *The Rink*[2].

---

1. La lune, une fête, un ami, un débit de vin au détail, un policier, une bouteille de vin vieux, les jambes.

2. *Charlot fait une cure* et *Charlot patine*.

Enfin, il était devenu un expert en automobiles et savait reconnaître chaque modèle, de la Ford T au camion Liberty.

Aujourd'hui, l'infirmier et Jules devaient se retrouver à la cave à cinq heures. John ne pourrait pas consacrer beaucoup de temps à son ami, car les blessés affluaient à l'hôpital. Dans la récente bataille de Champagne, les Américains étaient en effet montés en première ligne aux côtés des Français, sous le commandement du général Foch[1].

Le clocher venait de sonner la demie quand Jules quitta la maison. Sa voisine, la petite Claire Guichet, revenait de l'école et le salua. Un peu plus tard, une colonne de Sammies qui descendait de Saint-Romain en chantant passa devant la boulangerie de Léon Perrochon ; elle allait tourner à gauche quand Jules déboucha route de Blois. S'efforçant de marcher au pas, il la suivit rue du Moulin-à-Vent jusqu'à la rue de la Motte-Beaudoin, qu'il remonta d'une démarche alerte.

Il avait le cœur léger ce jour-là, car il n'avait eu aucune peine à apprendre de nouvelles phrases comme *I want a comb*[2], ou *Have you got any letters for me*[3] ? Et puis, il maîtrisait

---

1. Général puis maréchal français pendant la Première Guerre mondiale, il commande les armées alliées à partir de mars 1918.

2. Je veux un peigne.

3. Avez-vous une lettre pour moi ?

de mieux en mieux l'accent américain et il était certain que John ne devrait pas beaucoup le corriger.

Son ami avait raison : c'était fantastique d'apprendre une autre langue. Il ne baragouinait encore que vaguement l'anglais, mais il y trouvait déjà un très grand plaisir.

Des coups de feu retentirent quand Jules passa à proximité du champ de tir. Peu après, à moins de cinquante mètres de l'entrée de la cave, il appela :

– John ?

Pas de réponse.

« Bah ! Il est pas encore arrivé, pensa Jules. C'est pas la première fois. »

En effet, retenu par son travail, l'infirmier était souvent arrivé en retard à leurs rendez-vous.

Jules entra dans la cave et fouilla la pénombre du regard, s'arrêtant quelques instants sur le graffiti de John. Il allait s'asseoir quand il remarqua un papier sur la pierre où il posait habituellement ses fesses. Il le ramassa, reconnut l'écriture de son ami et lut :

« Je ne peux pas venir. Passe me voir tout de suite à l'hôpital. C'est urgent.

John. »

Jules eut un pressentiment. Il bondit aussitôt vers l'hôpital.

Arrivé à l'entrée, il reprit un peu son souffle et demanda sans se préoccuper de son accent :

– I want to see John Toomey. He is my friend. Where is he, please[1] *?*

Le soldat lui sourit et indiqua le troisième baraquement de l'allée centrale.

– Here, maybe[2] *!*

Jules entra, mais sans courir. Peut-être imaginait-il ce que son ami allait lui dire ? Peut-être le redoutait-il ?

Il poussa la porte du bâtiment.

L'odeur de médicament et la moiteur de la pièce l'assaillirent. Une vingtaine de lits métalliques aux pieds peints en blanc se trouvaient de part et d'autre de l'allée centrale. Chacun d'eux était occupé. Tous les regards se tournèrent vers Jules. John soignait un blessé. Il lui fit signe de l'attendre dehors. Le garçon obéit.

Groggy, Jules ne parvenait pas à encaisser les paroles que John venait de lui assener :

– Je pars demain pour le front !

L'adolescent releva la tête, regarda son ami, un voile humide sur les yeux.

– Tu restes pas ici ? insista-t-il.

– Non ! Je pars demain.

– Tu… Tu viens de l'apprendre ?

---

1. Je veux voir John Toomey. C'est mon ami. Où est-il, s'il vous plaît ?
2. Là, peut-être !

– Oui… Enfin, je l'ai su ce matin, mais je m'en doutais depuis quelques jours. Tu… Tu vas sans doute m'en vouloir, mais je ne pouvais plus rester ici.

– Pourquoi ? Tu as demandé à partir ?

– En quelque sorte ! Je ne pouvais vraiment pas rester ici. Rappelle-toi Mike Torpey, mon copain à moto, il y a quelques semaines. Il se bat auprès de nos frères. Je ne pouvais plus être derrière… planqué, comme disent les poilus.

– Mais tu… Charles… Je t'en supplie… Tu es… mon ami, John…

– Tu as quinze ans, maintenant, n'est-ce pas ? Tu dois comprendre. Ce sont les ordres, Jules, mais c'est surtout mon devoir. On a aussi besoin d'infirmiers sur le front. Encore plus qu'ici… C'est la guerre.

– La guerre, encore la guerre ! Elle ne finira donc jamais !

– Les Allemands ont failli réussir leur percée, mais finalement, ils ont échoué et faiblissent. Il faut produire un dernier effort…

John s'expliqua encore longtemps puis, appelé par un médecin, il laissa Jules devant le baraquement.

– Viens me voir demain, sur le nouveau quai, près du Petit-Mont. Nous devons y être à partir de deux heures, mais le train ne partira pas tout de suite…

Jules rencontra Anne sur le chemin du retour, alors qu'il débouchait sur le Champ-de-Foire. Elle revenait des rives du bassin, là où commençait le canal du Berry qui longeait le Cher, et où elle avait fait paître sa vache. Ils marchèrent de conserve, lentement, au rythme nonchalant du bovin.

– Qu'est-ce qui t'arrive ? lui demanda-t-elle. Tu as l'air bouleversé.

– C'est John ! Il part demain pour le front.

– John ? Le soldat que tu m'as présenté sur le Champ-de-Foire ?

– Oui !

– Il… Il va se battre ? demanda-t-elle, la voix teintée d'inquiétude.

– Non ! Il va soigner les blessés avant qu'on les évacue vers les hôpitaux de l'arrière. Il dit qu'il sera plus utile là-bas.

– Ce sera beaucoup plus dangereux.

– Il m'a assuré que non, mais je le crois pas. Ce sont les brancardiers qui récupèrent les blessés sur le champ de bataille, pas les infirmiers, mais, le connaissant, il bravera le danger si c'est nécessaire.

– Il est courageux… et sympathique, ajouta Anne.

– Ça, pour l'être, il l'est !

Il y avait beaucoup à faire dans le fournil, ce jour-là, et Jules tarda à venir à bout du nettoyage. Il lui fallut aussi stocker du bois pour les fournées du lendemain.

Il n'arriva sur le quai qu'à trois heures. Heureusement,

le train était encore là. Toutefois, la locomotive fumante semblait prête à s'ébranler.

Les soldats avaient déjà chargé leur paquetage dans les wagons, mais la plupart se détendaient sur la terre ferme. Des civils se mêlaient à eux.

Jules chercha John. Ce n'était pas évident de le trouver dans cette cohue, au milieu de tous ces hommes en uniforme. Soudain, il reconnut quelqu'un qu'il ne s'attendait pas à rencontrer ici :

– Anne !

Et il découvrit son ami américain par la même occasion, car ils discutaient ensemble.

– Salut, John !

– Salut, Jules ! Je suis content que tu sois là. Je commençais à me demander si tu viendrais. Ça m'aurait ennuyé de partir sans te dire au revoir…

Ils s'étreignirent. Longtemps.

Un coup de sifflet retentit, suivi d'un ordre.

John s'arracha aux bras de son ami.

– Il faut que j'y aille !

Jules voulut faire bonne figure et lui sourit.

– *Good luck… and please come back soon*[1] *!*

– Je te le promets, Jules, je te le promets. Surtout que ton anglais s'améliore chaque jour.

---

1. Bonne chance… et reviens bientôt, s'il te plaît !

Il serra alors la main d'Anne, puis monta dans le wagon, ferma la porte et se pencha à la fenêtre tandis que le train s'ébranlait.

– Je te promets de revenir, Jules ! Je vous le promets à tous les deux : à toi, Jules, et à vous, mademoiselle Anne !

Le train prit de la vitesse et, jusqu'à ce que la courbe l'absorbe, les mains s'agitèrent.

Jules ne put retenir ses larmes plus longtemps.

La voix chargée d'émotion, Anne lui glissa quelques mots réconfortants.

Elle était douce, si douce…

CHAPITRE 7

UN AUTOMNE RICHE EN ÉMOTIONS

Ce matin de septembre, alors que le soleil commençait à réchauffer l'air frais, une charrette montait lentement le coteau, chargée de quatre énormes cuves de bois. Plusieurs vendangeurs la suivaient, la hotte sur les épaules ou le seau à la main. Parmi eux, quelques femmes, mais surtout une majorité de Sammies. Le commandant du camp avait jugé souhaitable de mettre à nouveau quelques éléments de ses troupes à la disposition de la population locale. Ils allaient lui prêter main-forte pour effectuer les vendanges 1918.

Jules venait de verser un sac de farine dans le pétrin afin de préparer la quatrième fournée. La première était déjà vendue, la deuxième attendait les clients dans la boutique et la troisième cuisait.

Le jeune homme n'était pas très concentré sur son travail : des mots en anglais se bousculaient dans sa tête.

Il étudiait plus que jamais son *Soldiers' French Course* qui ne le quittait pas. Il le lisait souvent dans la cave, où il se sentait plus proche de Charles et de John.

Lorsqu'il écrivait à ce dernier, comme autrefois à son frère, il jetait de temps en temps un regard au graffiti et se pensait mieux à même de faire des progrès en anglais. De plus, la présence de la chauve-souris le rassurait.

Ce jour-là, avant de rentrer, il avait décidé de passer par le cimetière américain qui s'était nettement agrandi. Il irait une fois de plus se recueillir sur la tombe de Charles Edwards en attendant que le corps de son frère, enterré près de Noyon, dans l'Oise, soit ramené au village.

En quittant le cimetière, l'adolescent remarqua que des vendangeurs redescendaient vers le bourg. Le travail dans les vignes était fini pour la journée, mais allait se poursuivre dans les caves où il fallait presser les dernières grappes cueillies.

Jules n'était pas impatient de rentrer et fit un crochet par le bassin du canal. Comme l'avait dit le garde champêtre, l'activité avait décliné. Ces dernières années, les forestiers expédiaient beaucoup de bois depuis cet endroit, des troncs de petit calibre destinés à étayer les tranchées. Avec la reprise de la guerre de mouvements, les besoins avaient diminué, les bateaux se faisaient plus rares et les stocks grossissaient sur les berges.

Jules revint ensuite vers le Champ-de-Foire, sur lequel planait une forte odeur de corne brûlée.

« Lucien Champion ferre un cheval ! songea-t-il. Peut-être la vieille rosse du père Brossier… »

Il s'apprêtait à aller jeter un œil du côté de la forge quand il entendit :

– Jules ! On rentre tous les deux ?

Il se retourna : Anne était devant lui. Quel heureux hasard !

« Elle est vraiment très belle », pensa-t-il.

Et il éprouva un grand plaisir, comme chaque fois qu'il la voyait.

– D'où tu viens ?

Elle laissa filer un petit rire puis lança, gentiment moqueuse :

– Comme si tu le savais pas ! On est en pleines vendanges, gros malin ! J'ai travaillé toute la journée dans les vignes des Lepage. J'ai aidé Marthe. Elle en a bien besoin. Son mari est mobilisé depuis quatre ans.

– Il y avait des Américains, aussi ? demanda Jules.

– Oui ! Non seulement ils sont efficaces, mais leur bonne humeur est communicative. Ils aiment rire et en ce moment, on en a besoin. Enfin, ceux-là sont gentils, mais pas autant que John.

– John est très gentil !

– En parlant de lui, tu as de ses nouvelles ? s'enquit-elle.

– Pas depuis deux semaines. J'espère recevoir bientôt une lettre. Elles arrivent pas régulièrement et je peux jamais savoir.

– Je sais, c'est pareil avec celles que nous envoie papa.

Tous les deux marchaient maintenant d'un bon pas en direction du quartier de la gare. Anne semblait perdue dans ses pensées, mais Jules était fier de l'avoir à ses côtés.

Par chance, ce jour-là, le facteur avait apporté une lettre de John. Anne, qui avait accompagné Jules jusqu'à chez lui, lui avait demandé de l'attendre avant de la lire. Elle avait couru chez elle, réclamé auprès de sa mère la permission de revenir chez les Aubert et promis de traire la vache un peu plus tard.

Pour ne pas céder à la tentation d'ouvrir l'enveloppe seul, Jules était allé arracher quelques mauvaises herbes dans le jardin et s'était surpris à fredonner *It's a Long Long Way to Tipperary*.

Les deux adolescents étaient à présent assis sur l'escalier de pierre, épaule contre épaule. Jules goûtait son plaisir, et Anne songeait que son ami était un peu le frère qu'elle n'avait jamais eu. Le muret était assez haut pour que personne ne les remarque de la rue.

La chaleur déclinait et le fond de l'air était très agréable. Anne sentait bon. Toujours ce discret parfum de lavande.

– Tu l'ouvres cette lettre, oui ou non ? s'impatienta-t-elle.

Quand il était seul, Jules aimait prendre son temps pour le faire. Alors, aujourd'hui avec Anne…

Il glissa son doigt sous le rabat de l'enveloppe qu'il souleva lentement, comme s'il craignait d'abîmer les mots cachés à l'intérieur. La colle de mauvaise qualité céda sans difficulté. Il sortit deux feuilles parcourues d'une écriture serrée.

– Qu'est-ce qu'il dit ?

– On voit ça ensemble !

Anne se rapprocha un peu plus.

Ils lurent de concert, accompagnés par le chant des oiseaux et le murmure de la rue.

Arrivés à la signature, ils se regardèrent. Ils s'apprêtaient à échanger leurs impressions quand le vacarme d'un camion les obligea à attendre. Le calme revenu, Anne lança :

– Le moral a l'air bon.

– Excellent, même ! Tu as vu : il dit que son régiment a contribué à une grande victoire du côté de Saint-Mihiel, au sud de Verdun. Il précise même que les Boches tenaient fermement cet endroit depuis longtemps, ajouta Jules. La bataille a été très violente, mais ils ont repris cette position stratégique.

– Fameux coup de main pour les Alliés.

– Il a aussi beaucoup de boulot.

– Pas étonnant ! Les victoires se font pas sans pertes, dit Anne sur un ton de spécialiste, surtout contre des Boches solidement accrochés au terrain, comme ça semblait être le cas.

– Tu as vu aussi, il me charge de te donner le bonjour. Alors, je te dis bonjour de la part de John.

Anne laissa échapper un léger rire puis commenta :

– C'est très gentil ! Tu lui rendras ce bonjour dans ta prochaine lettre.

– Pourquoi tu lui écris pas toi-même ?

– Parce que maman ne m'y autorisera jamais.

– En parlant de tes parents, ton père, vous avez des nouvelles récentes ?

– Ça va plutôt bien. Dans sa dernière lettre arrivée il y a trois jours, il nous dit qu'il dort peu, car il faut suivre l'avancée rapide des premières lignes, mais le moral se maintient. Il espère simplement que cet enfer va bientôt prendre fin… Tu sais, j'évite de m'inquiéter pour lui trop souvent, mais c'est difficile…

Anne leva la tête et constata que l'ombre de la maison s'allongeait.

– Hou ! Il est temps que je rentre.

Elle se leva, rejoignit le portail et adressa à Jules un petit signe de la main. Il aurait voulu la retenir, mais se contenta de lui rendre son salut.

Après avoir rangé la lettre dans le tiroir de sa table de nuit, il partit chercher les œufs dans le poulailler pour le souper.

Un cri retentit dans le jardin. Une chouette venait sans doute de s'abattre sur un rat imprudent. À moins qu'une belette l'attaquât.

Jules l'entendit, mais n'y attacha pas d'importance.

Il ne parvenait pas à trouver le sommeil.

Il n'oubliait pas le parfum d'Anne, se baignait dans le bleu très clair de ses yeux ; il accrochait ses rêves à son sourire discret, glissait sur ses cheveux aussi beaux que parfaitement ordonnés, soignés.

Les mots de la lettre de John pourtant bien en tête, il n'arrivait pas à chasser Anne de ses pensées.

Et puis, quelques minutes après qu'il s'était couché, une douleur lancinante avait commencé à lui tarauder la mâchoire.

Il devait dormir pourtant.

Désormais son patron permettait à Jules de préparer entièrement une fournée, ce dont l'adolescent était très fier. Il ne se sentait cependant pas en forme ce matin-là : une terrible rage de dents le tourmentait et il eut toutes les peines du monde à pétrir la pâte le temps nécessaire. Il tentait d'ignorer sa souffrance. C'était dur, très, très dur. En plus, sa joue droite était énorme. Finalement, sur le coup de dix heures, René lui lança :

– Tu ne peux pas rester comme ça et tu as déjà bien travaillé ce matin. Faut te soigner. Tu pourrais aller voir le père Bravard, notre guérisseur, mais j'ai entendu dire que les Américains sont très bien équipés pour venir à bout des rages de dents. En plus, ils soignent gratuitement. File à l'hôpital !

L'adolescent obtempéra, à la fois soulagé et inquiet. Que sa douleur soit bientôt réduite aurait dû le réjouir, mais il se rendait chez le dentiste pour la première fois et il avait peur.

Son anxiété grandit au fur et à mesure qu'il se rapprochait de l'hôpital. Il fut encore plus troublé quand il pénétra à l'intérieur du baraquement où il découvrit de nombreux fauteuils alignés. Il n'avait pas l'esprit à compter, mais, s'il l'avait fait, il en aurait dénombré une trentaine ! Presque tous étaient occupés, et cela ne fit que renforcer son inquiétude. Les patients semblaient tendus. Parfois, l'un d'eux criait. L'odeur médicamenteuse qui flottait dans l'air indisposait Jules. Enfin, au bout d'un moment, on l'apostropha avec un fort accent :

– C'est à vous, monsieur.

Un grand gaillard, aux oreilles décollées, avec de petites lunettes rondes lui faisait signe d'avancer. Il se dirigea vers le fauteuil, en proie à des émotions contradictoires.

Quand l'adolescent sortit, une demi-heure plus tard, il se sentait beaucoup mieux. S'il souffrait encore, sa douleur s'était considérablement atténuée et les soins ne lui avaient pas fait si mal que ça. Il lui suffisait d'être patient maintenant.

Il se dit que la modernité américaine avait de très bons côtés.

La guerre semblait enfin basculer à l'avantage des Alliés.

Les journaux annonçaient des offensives sur presque tout le front. Les Français avançaient en Champagne, les Britanniques dans la Somme et les Américains en Argonne.

Les trains déversaient leur lot de blessés et l'hôpital de Noyers ne désemplissait pas. Cela ne modérait pourtant pas l'enthousiasme des nouvelles recrues, fraîchement débarquées des États-Unis. Ces jeunes Sammies s'entraînaient avec ardeur et, quand ils partaient pour le front, même s'ils pensaient à ce qui les attendait, ils conservaient leur bel optimisme.

À Noyers et à Saint-Aignan, les gens restaient prudents, mais l'espoir commençait à renaître. On entendait à nouveau des rires, et les conversations prenaient un ton plus débridé.

Jules, cependant, était loin de se sentir heureux.

Les courriers de John lui parvenaient toujours, mais très irrégulièrement et cela ne le rassurait pas. Une lettre n'apportait, hélas, qu'une preuve de survie dans un passé proche. N'en avait-il pas reçu une de Charles la veille d'apprendre sa mort ?

Marie, sa mère, vivotait maintenant. Jamais plus le moindre sourire ne venait égayer son visage et une infinie tristesse l'emprisonnait. Elle accomplissait avec un automatisme désespérant les différentes tâches qui lui incombaient. Après avoir tenté, en vain, d'engager la conversation à plusieurs reprises, Jules se contentait de tout faire pour ne pas la gêner.

Et puis, en plus, Anne occupait ses pensées et il ne savait pas comment se comporter avec elle. Il ne la voyait vraiment plus comme avant, quand ils allaient à l'école ensemble. À cette époque, les choses étaient claires, simples, évidentes. Aujourd'hui, il ne comprenait pas ce qui lui arrivait. Pire, il ne se comprenait plus lui-même. Peut-être Anne aurait-elle pu l'aider, mais il était trop timide pour lui parler de ses sentiments.

Combien de temps durerait cette situation ?

CHAPITRE 8

VICTOIRE !

Novembre 1918.

Le 3, l'Autriche-Hongrie signait l'armistice.

Le 9, la révolution spartakiste[1] se déclenchait en Allemagne et le kaiser Guillaume II abdiquait.

Le 11, à 10 h 30, dans les Ardennes, secteur de Vrigne-Meuse, là où Foch avait décidé d'une ultime attaque pour forcer la main aux plénipotentiaires[2] allemands chargés de négocier l'armistice, Augustin Trébuchon, agent de liaison au 415e régiment d'infanterie, né le 30 mai 1878 en Lozère, reçut l'ordre de porter un message à ses camarades de première ligne, message leur annonçant que la soupe serait servie à 11 h 30.

Le 11, à 10 h 45, alors qu'Augustin Trébuchon allait mener à bien une mission de plus, une balle perdue l'atteignit. Il fut ainsi le dernier Français tué à l'ennemi de la guerre de 14-18. Son corps serait découvert quelques

---

1. Soulèvement d'une partie des socialistes révolutionnaires allemands écrasé en 1919.

2. Représentants et messagers de l'Allemagne.

minutes plus tard par le clairon chargé de sonner l'armistice, qui prenait effet à 11 heures précises.

Le 11, à 10 h 45, alors qu'ils savent que l'armistice prendra effet à 11 heures, Henry Gunther et un de ses amis, soldats américains du 313e régiment d'infanterie, attendent dans leur tranchée, dans le secteur de Chaumont-devant-Damvilliers, en Meuse. Quelques minutes plus tard, ils quittent l'abri, traversent le no man's land, baïonnette au canon. Les Allemands les voient jaillir du brouillard et tirent au-dessus de leur tête. Les deux hommes se jettent au sol. Henry Gunther reste couché quelques instants puis, à 10 h 59, inexplicablement, il se relève et repart vers la tranchée allemande. Cinq balles de mitrailleuse l'atteignent. C'est le dernier Américain tué à l'ennemi.

Le 11, à 10 h 45, la vie continuait à Noyers-sur-Cher, comme si de rien n'était, mais chacun avait la tête ailleurs. Le bruit courait depuis plusieurs jours que l'armistice serait bientôt signé. Le sort de la guerre se jouait.

Jules Gatesoupe débitait une chèvre dans l'arrière-salle de sa boucherie.

Louis Guerrier, le cantonnier, bouchait des nids-de-poule sur la route de Blois.

Louise Gouny et Julia Méry, la mère de Marcelle, lavaient leur linge de concert sur le bord du canal.

En classe, M. Gault interrogeait Paul Appert pendant que son frère Louis et Paul Deroche s'appliquaient sur leur cahier.

Berthe Thoreau, à la porte de son café, était en grande discussion avec Mme Geoffrion, la femme du sabotier.

Dans le camp américain, Jo Gardner, appuyé sur la banquette de tir, visait la cible.

Jules pétrissait à pleins bras.

Un télégraphiste se hâtait vers la mairie-école. Il abandonna négligemment son vélo près de la porte d'entrée, pénétra dans le bâtiment d'où il ressortit quelques instants plus tard, suivi par M. le maire qui se dirigea aussitôt vers l'église.

– Monsieur le curé, où êtes-vous ? demanda-t-il dès son entrée dans l'édifice, la voix chargée d'excitation.

Léonce Chaffin quitta la sacristie et vint au-devant du premier magistrat de la commune.

– Qu'y a-t-il, monsieur le maire ?

L'homme lui tendit un télégramme.

– J'ai reçu ceci de monsieur le préfet.

Le prêtre lut le document puis aussitôt, fit battre les cloches de l'église à toute volée.

M. le maire déboula dans la rue.

– La guerre est finie ! clama-t-il. C'est l'armistice ! On a gagné ! Pavoisez vos maisons !

Une véritable frénésie s'empara du village.

Jules Gatesoupe s'essuya les mains sur son tablier déjà largement taché de sang puis fila dans sa maison et, sa femme à ses côtés, se recueillit devant la photo de son frère, tué un an plus tôt dans la Meuse.

Louis Guerrier abandonna sa pelle sur place et se précipita vers la remise de la mairie, distante d'un bon kilomètre, où les drapeaux des Alliés étaient entreposés.

Marcel Deroche sortit son vieux tambour et déambula dans la rue, son chapeau de travers.

Louise Gouny et Julia Méry s'étreignirent.

Terriblement ému, Paul Gault fit une déclaration à la mémoire des héros morts pour la France, puis lâcha ses élèves qui s'égaillèrent dehors comme une volée d'étourneaux.

Jo Gardner embrassa son voisin d'exercice et, bientôt imité par nombre de ses camarades, fila fraterniser avec la population nucérienne.

Jeanne Jouzeau entra en trombe dans le fournil et hurla :

– La guerre est finie ! La France a gagné la guerre !

Les bras chargés de pâte, Jules se figea. René vint dans son dos, le redressa lentement, le fit pivoter et lui dit :

– Rejoins ta mère ! Elle va avoir besoin de toi !

Jules courut chez lui, mais Marie ne s'y trouvait pas.

Il pensa alors qu'il ne servait à rien d'attendre et descendit la rue de la Gare, dont nombre de maisons étaient déjà pavoisées aux couleurs de la France et des Alliés.

Il y avait foule devant le *Sabot Rouge* où, malgré le froid, le père Favereau avait ressorti les tables métalliques.

– Eh, Jules ! l'apostropha l'aubergiste. Viens arroser la victoire. Je paie le coup !

L'adolescent ne tourna même pas la tête, se ferma à la joie des autres, n'accorda pas un regard aux gosses qui hurlaient derrière un tambour et trois drapeaux, un tricolore, un américain et un anglais. Il poursuivit son chemin.

Juste avant le carrefour de la Croix-Verte, il se retrouva face à Anne qui revenait de Saint-Aignan. La jeune fille se précipita vers lui et, oubliant les convenances, l'étreignit, lui déposa deux bises sur les joues ; puis, le tenant à bout de bras, elle le fixa et lança, au comble de sa joie :

– La guerre est finie, Jules ! On a gagné ! Papa va revenir…

Le garçon ne réagissait pas.

Elle comprit soudain sa détresse. Son visage s'assombrit et elle souffla :

– Excuse-moi ! Je suis égoïste et je ne pensais qu'à moi. Je sais que la victoire n'effacera pas votre peine, à toi et à ta mère.

L'adolescent était comme assommé. Il repartit sans s'être aperçu qu'il venait de vivre ce dont il rêvait depuis plusieurs semaines : Anne l'avait embrassé.

Jules courait maintenant vers la Chaussée-des-Ponts.

Arrivé au niveau du moulin, il bifurqua à gauche et rejoignit le quai où était amarré le bateau-lavoir.

L'endroit était désert. Tout le monde avait dû rejoindre Saint-Aignan. Pourtant, Jules perçut un battement régulier qui contrariait celui de la roue.

« Tchac ! Tchac ! Tchac ! »

Il franchit l'étroite passerelle, monta sur le pont du bateau et aperçut sa mère. Seule. Terriblement seule. Elle battait un drap avec une violence nourrie de désespoir.

Jules la rejoignit. Elle s'immobilisa quand elle le sentit lové contre son dos.

– Viens, maman ! Viens ! Charles aurait pas voulu qu'on soit tristes aujourd'hui.

La guerre était terminée depuis deux semaines. Une étrange atmosphère régnait dans le village. Les Nucériens n'étaient pas vraiment heureux. Ils étaient plus détendus, mais la joie expansive du 11 novembre s'était éteinte. On savait, certes, que les tournées de M. le maire cesseraient maintenant, mais personne n'osait plus vraiment prolonger la fête. De très nombreuses familles comptaient des victimes parmi leurs proches. Si ce n'étaient pas des morts ou des disparus, c'étaient des blessés, des gazés. La dernière en date était la famille Geoffrion. Marie-Louise venait d'apprendre la mort de René, son mari, décédé le 9 novembre, à l'hôpital de Brest où il avait été admis, après avoir été criblé d'éclats d'obus lors des ultimes combats. D'autre part, la démobilisation n'était pas encore décrétée et personne n'était revenu.

Sans les hommes, la vie demeurait suspendue. Même si les travaux étaient réduits à cette saison, même si les Sammies donnaient des coups de main, les bras des poilus manquaient toujours. Et puis, quand on avait la chance d'être passé au travers de ces malheurs, on souffrait pour les autres et on ne voulait pas trop se réjouir de peur de les blesser davantage.

Décembre 1918.

Après avoir envahi une grande partie du monde, un autre fléau s'abattait sur l'Europe et se répandait en France depuis plusieurs semaines.

À Noyers, Pauline Chemmet, la femme du chef de gare, avait été obligée de se coucher en fin d'après-midi. Elle n'était pas du genre à s'écouter mais là, vraiment, elle ne se sentait pas bien. Elle appela sa fille, rentrée de l'école depuis peu :

– Jeanne ! Tu pourrais me mettre une bûche dans la cheminée ? Je sais pas ce que j'ai, je suis toute patraque. J'ai des courbatures, peut-être même de la fièvre. J'ai pourtant pas attrapé froid…

À Saint-Aignan, la femme du photographe présentait les mêmes symptômes, et bien d'autres personnes encore, tout comme un nombre croissant d'Américains, fraîchement arrivés ou pas.

Jules n'était pas en forme non plus. Mais lui souffrait d'un mal différent.

D'abord, il n'avait pas reçu de courrier de John depuis le début du mois de novembre. Ce silence l'inquiétait. Il avait bien sûr entendu parler de René Geoffrion dont le malheureux exemple lui vrillait l'âme.

Ensuite, il y avait Marie qui, prise d'une véritable frénésie de travail, semblait chercher à s'épuiser pour s'occuper l'esprit et tenter d'oublier ses fantômes. Jules ne savait toujours pas quelle attitude adopter avec elle. Depuis la mort de Charles, il se sentait perpétuellement en décalage et les choses ne s'arrangeaient pas avec le temps.

Mis à part au fournil où il secondait de plus en plus son patron, Jules ne trouvait pas vraiment sa place. Son ancien désir de se battre s'était transformé en sentiment de culpabilité. La guerre s'était achevée avant qu'il soit en âge de partir au front et, même si cela était totalement indépendant de sa volonté, il en éprouvait une honte sourde qu'il vivait très mal. Il se raccrochait alors au devoir qu'il avait de protéger sa mère.

Enfin, il y avait Anne, à laquelle il rêvait plus que jamais, mais qu'il évitait. Quand il ne pouvait faire autrement que lui parler, histoire de ne pas passer pour un sauvage, il se trouvait gauche, maladroit et même franchement ridicule.

Ce soir-là, Jules était assis sur une chaise et, son *Soldiers' French Course* à la main, il tentait de mémoriser de nouveaux mots d'anglais, essayant de deviner la bonne prononciation.

Marie repassait le linge en attendant que la soupe soit chaude.

– J'apprends toujours l'anglais, souffla-t-il, comme pour se justifier. J'aime bien… Et puis, à la boutique, quand la patronne comprend pas ce que lui demande un Américain, elle vient me chercher. La bouchère, madame Gatesoupe, m'a aussi appelé l'autre jour. C'est utile de savoir parler l'anglais, avec les Sammies ici.

Il pensa que ceux-ci ne resteraient pas éternellement. La guerre était finie et ils allaient repartir. Leurs familles, là-bas, les attendaient sans doute avec impatience.

On frappa soudain trois coups à la porte.

Jules posa son livre sur la table et se dirigea vers l'entrée d'un pas lent. L'inquiétude le saisit. Une visite à cette heure-ci était anormale.

Il appuya sur la poignée, tira le battant.

– Salut, Jules !

L'adolescent resta figé une seconde, puis son visage s'éclaira d'un large sourire et il s'écria :

– John !

CHAPITRE 9

ET APRÈS ?

La Renault type Ax 11 cv, d'un superbe jaune d'or, traversa le Cher, remonta la rue de la Gare et, après la ligne de chemin de fer, tourna à gauche dans la rue de la Mardelle.

Octave Ratier, le médecin de Saint-Aignan, venait de s'acheter sa première voiture. C'était une auto d'occasion. Elle datait de 1914, mais marchait bien et lui permettait de gagner un temps considérable. Heureusement, car, depuis plus d'un mois, il parcourait en tous sens sa commune et celle de Noyers.

La Renault s'arrêta devant la maison des Aubert. Son conducteur en descendit après avoir serré le frein à main. Il prit sa sacoche, entra dans la cour et frappa à la porte qui s'ouvrit presque aussitôt.

– Bonjour, Anne !

– Bonjour, docteur ! C'est gentil d'être venu aussi vite.

– Je connais Marie et je sais que, quand elle fait appel à mes services, c'est qu'elle est vraiment souffrante, qu'il y a urgence.

Il fila dans la chambre de la mère de Jules, y resta quelques minutes puis passa dans celle de son fils.

Il revint peu après s'asseoir à la table, devant la cuisinière, et rédigea une ordonnance.

– Grippe espagnole ! annonça-t-il. Comme tout le monde en ce moment. Une chance que tu l'as déjà eue parce que, sinon, je t'aurais vivement déconseillé de t'occuper de Marie et de Jules.

– Il y a trois semaines, maman et moi étions au lit et Jules nous a très bien soignées. Peut-être qu'il a contracté la maladie chez nous. C'est la moindre des choses que je leur rende service à mon tour.

Le médecin tendit la feuille à la jeune fille et lui précisa, rejoignant déjà la porte avec sa mallette :

– Va voir le pharmacien ! Il te donnera les préparations indiquées. Ensuite, tu suivras scrupuleusement mes conseils. Il faudra en particulier faire les fumigations à l'essence d'anis. Dis-moi si tu as peur de te tromper.

– Il n'y aura pas de problème, docteur. John Toomey, un ami de Jules, infirmier à l'hôpital américain, va venir et me conseillera en cas de besoin. Lui aussi a déjà attrapé cette grippe espagnole.

– Surveille Marie et son fils de près. Cette abominable grippe est dangereuse et s'accompagne de complications respiratoires qui peuvent être mortelles[1].

---

1. La grippe espagnole s'est répandue dans le monde entier durant l'hiver 1918-1919. On estime qu'elle provoqua la mort de plus de 40 millions de personnes, dont au moins 400 000 en France.

Anne n'avait pas besoin de cette mise en garde. Elle savait que plusieurs habitants de Noyers étaient déjà décédés. Sa mère elle-même avait été très, très mal, et si Jules n'avait pas demandé à John de venir l'aider, elle aurait peut-être succombé. D'ailleurs, trois semaines après, elle était encore très faible et peinait toujours beaucoup à respirer.

L'odeur tenace envahissait la maison.

Jules était allongé, torse nu, et John lui massait la poitrine avec de l'huile camphrée.

– Retourne-toi !

L'adolescent obéit et son ami recommença l'opération tout en commentant :

– Les choses semblent se calmer. Tu vas beaucoup mieux, mais tu as été bien malade. Une semaine avec une très forte fièvre. La quinine et l'aspirine avaient du mal à la faire baisser… Tu m'as fait peur. Plusieurs de mes patients à l'hôpital ont eu les mêmes symptômes et, aujourd'hui, ils reposent définitivement six pieds sous terre, dans leur linceul fermé par les épingles réglementaires.

– Tu ne pensais tout de même pas que j'allais y rester ! souffla Jules.

– Cette fichue grippe espagnole est encore plus dangereuse et fait plus de victimes que les tranchées ! répondit John. Et là, tout le monde y passe, pas seulement les combattants…

Le dernier coup annonçant six heures du soir retentit au clocher, apporté par le vent d'est qui se maintenait.

John regarda sa montre, donna une petite tape sur l'épaule de son ami et lança :

– Allez, salut, Jules ! Il faut que je rejoigne le camp. Le boulot m'attend. Je suis de nuit aujourd'hui…

– Salut ! À demain, et merci…

Le Sammy quitta la chambre au moment où Anne revenait de porter une assiette de bouillon à Marie.

– Elle va vraiment beaucoup mieux !

– Grâce à vous, mademoiselle Anne…

– Grâce à nous, monsieur John !

Et ils échangèrent un sourire.

Février 1919 étirait ses derniers jours dans un froid glacial. Le soleil était généreux, mais les fortes gelées et le vent empêchaient l'air de se réchauffer. Une nuée d'oiseaux voletait autour de la boulangerie américaine, en quête de miettes.

Les premiers poilus démobilisés, les plus âgés, tentaient de reprendre une vie normale. Avec difficulté. Certains étaient diminués physiquement, amputés ou gazés. La plupart l'étaient psychologiquement et aucun ne parvenait à oublier les copains restés sur le champ de bataille. Leurs nuits étaient rarement sereines et les fantômes de la guerre repassaient à la charge. Leurs baïonnettes étaient largement aussi dangereuses que celles de l'ennemi et laissaient des traces sournoises au plus profond de l'âme. Le comportement de quantité d'anciens poilus s'en ressentait et plus d'un homme doux autrefois s'était transformé en être imprévisible, aux réactions souvent outrancières. Certains tentaient de noyer leur détresse dans des verres de rouge ou d'eau-de-vie.

Mais la vie était la plus forte : la guerre n'arrêtait pas les naissances. Fruit d'une ultime permission quelques mois avant l'armistice, une adorable petite Jeanne était arrivée au foyer de Léon-Joseph et Louise Gouny, au hameau de la Cochonnière, près de la forêt.

Les Sammies revenaient peu à peu du front et s'entassaient dans le camp surpeuplé. Malgré l'aide que beaucoup apportaient à la population locale, ils souffraient de désœuvrement et occupaient le temps comme ils pouvaient. L'atmosphère était tendue. Des bagarres éclataient, maîtrisées aussi vite que possible par les MP qui ne chômaient pas.

Jules, totalement guéri, venait juste de terminer le nettoyage du fournil. Il regarda la montre de gousset qu'il avait héritée de Charles, et siffla :

– Cornes de bouc ! Trois heures et demie ! Ça fait une sacrée journée. Et dire que le dimanche est un jour de repos pour les autres…

– Oui ! approuva son patron. Tu es vraiment un brave gars. Je peux compter sur toi et c'est très important.

Surtout en ce moment. Un dimanche habituel exige déjà beaucoup de travail, mais en plus, il n'y a jamais eu autant de Sammies dans le camp. Il paraît qu'ils sont dans les trente mille… Allez, tu vas pouvoir partir.

L'adolescent enfila son gros paletot de laine et sortit de la boutique après avoir salué Jeanne, la patronne. Il n'avait pas fait trois pas qu'il s'entendit interpeller :

– Jules !

– Ah ! John ! Qu'est-ce que tu fais ici ?

Le soldat s'approcha de son ami, le prit par les épaules et plongea un regard rieur dans le sien.

– Je t'attendais. J'ai une surprise pour toi. Viens ! Tu as le temps ?

– Ben, maman est à la maison et si je rentre pas bientôt, elle risque de s'inquiéter.

– Alors, on va passer la voir.

Il l'entraîna en direction du camp de la Bizeaudière.

– Eh ! J'habite de l'autre côté.

– Je sais, mais pour l'instant, il faut qu'on aille par là. De toute manière, on rattrapera le temps perdu.

Ils arrivèrent bientôt à l'entrée du camp. Il n'y avait jamais eu autant de tentes, de caillebotis et de baraquements. John s'adressa à la sentinelle qui les laissa passer. La sécurité était moins stricte et, maintenant, les Français accompagnés pouvaient y pénétrer.

– Qu'est-ce qu'on vient faire ici ? demanda Jules.

– C'est une surprise ! Et les surprises, si on les dévoile avant, ce ne sont plus des surprises. Tiens, entre dans cette tente…

John lui en désigna une à la toile relevée, laissant apparaître un lit pliant aux armatures de bois. Une batte et un gant de base-ball traînaient dans un coin, ce qui fit sourire Jules…

– Assieds-toi et attends-moi. Je n'en ai que pour quelques minutes.

– Extraordinaire ! cria Jules pour dominer le bruit du moteur et de la ferraille que les irrégularités de la route secouaient sans ménagement. C'est extraordinaire ! Il ne fait vraiment pas chaud, mais c'est extraordinaire !

Il goûtait son plaisir. John devait aller chercher plusieurs caisses de médicaments au camp américain de Gièvres, distant d'une bonne vingtaine de kilomètres, et, pour cette mission, il s'était vu confier un camion Liberty.

Pour la première fois, Jules montait dans un véhicule automobile. Il appréciait aussi ce moment, parce qu'en allant avertir Marie de l'escapade, ils avaient rencontré Anne qui se promenait avec ses parents. John l'avait invitée à les accompagner et, contre la promesse de faire très attention à elle, son père, rentré la semaine précédente, avait accepté.

Ils étaient donc là, tous les trois : John au volant, Jules appuyé à la portière droite et Anne entre eux.

Le Liberty filait à bonne allure.

– À quelle vitesse on va ? demanda l'adolescent.

– Je ne sais pas. Au moins vingt kilomètres à l'heure, peut-être trente.

– Trente kilomètres à l'heure ! C'est vraiment extraordinaire !

Les cheveux au vent, Jules défiait le froid et se disait que c'était ça le bonheur : partir à l'aventure avec des amis. John était un ami, un vrai, le meilleur qu'il ait jamais eu. Anne aussi était une amie. Enfin, il ne savait plus vraiment. Ce qu'il savait, c'est que là, alors qu'il la sentait si près de lui, son cœur battait plus fort. Et ce n'était pas seulement dû aux sensations que lui procurait ce voyage en camion.

Ils entonnèrent ensemble *It's a Long Long Way to Tipperary*.

Les premiers jours de mars étaient passés, mais il faisait encore froid : l'hiver n'était pas terminé.

Les Sammies ne partaient qu'au rythme trop lent des bateaux qui pouvaient les rapatrier. L'ennui se révélait un ennemi féroce. Les tensions déjà fortes s'avivaient encore et les problèmes de la société américaine resurgissaient, exacerbés, dans ce petit coin de France.

En cette fin d'après-midi, Jules et John étaient assis, emmitouflés, à l'entrée de leur petit refuge secret en lisière de forêt. Ils parlaient de ce qui avait alimenté toutes les conversations la semaine précédente : deux soldats noirs avaient été pendus au gros chêne voisin de la Bizeaudière, ce chêne que Jules admirait chaque fois qu'il rejoignait la cave. Accusés d'avoir violé une jeune Française dont on n'avait même pas retrouvé la trace, ils avaient été exécutés par d'autres soldats américains.

– C'est affreux ! fit remarquer Jules.

– Les Noirs descendent des esclaves capturés autrefois en Afrique, expliqua John, embarrassé. Beaucoup de gens ne les considèrent pas comme des hommes à part entière.

– Ce sont des Américains, pourtant !

– Bien sûr ! Seulement, si aujourd'hui ils sont libres et ont la nationalité américaine[1], ils ne sont pas pour autant bien intégrés dans notre pays. À l'armée, ils ne sont même pas incorporés avec les Blancs et ils ont leurs propres régiments.

– Et j'ai vu que dans le camp, leurs tentes sont à côté de la ligne de chemin de fer, remarqua Jules. Tu as des amis noirs, John ?

– Euh… non ! répondit l'infirmier, évasif.

Avant de conclure :

– Il faudra encore du temps pour que Noirs et Blancs aient la même place en Amérique.

---

1. Ce qui n'était pas le cas des Indiens à qui la citoyenneté américaine n'a été accordée qu'en 1919, en raison de leur participation à la guerre. Il s'agissait, en réalité, d'une citoyenneté de second ordre, comme c'était le cas pour les Noirs. La situation n'était, hélas, pas meilleure dans nos colonies.

Pour réduire les tensions, les autorités militaires avaient décidé d'organiser en avril une grande manifestation sportive avec, comme invité d'honneur, Georges Carpentier qui allait faire une démonstration. Bien sûr, toute la population était conviée.

– Vous vous rendez compte, dit Jules à Anne et à John, sur le chemin qui les menait vers les prés de Poiriers, entre Noyers et Saint-Aignan, Georges Carpentier est un très grand boxeur ! Il est champion d'Europe et je suis sûr qu'il deviendra champion du monde. En plus, c'est un vrai soldat, pas un planqué. Il s'est battu dans l'aviation. Il a été blessé et il est décoré de la Médaille militaire et de la Croix de guerre.

C'était l'événement ! Tout le monde semblait s'être donné rendez-vous. Du grand Marcel Deroche à la frêle Marcelle Méry, il ne manquait personne. La foule était maintenue derrière des cordes autour du champ où se dérouleraient les différentes épreuves sportives. Sur un côté avait été dressée une estrade où se pressaient les autorités civiles et militaires et, au milieu, trônait un ring. Venus immortaliser l'événement, des photographes étaient déjà postés derrière leurs appareils posés sur des trépieds.

– John ! Jules ! Regardez ! s'exclama Anne. Georges Carpentier est là-bas. Quel bel homme !

En uniforme de l'armée de l'air, le champion se tenait

près du ring. Il était grand et, effectivement, très élégant.

Les festivités commencèrent par un concours de saut en hauteur, suivi de différentes épreuves : cent mètres, course de fond, course à deux avec un pied attaché, parcours du combattant baïonnette au canon, concours de tir.

Enfin, le grand moment arriva.

Georges Carpentier s'était éclipsé et, lorsqu'il revint, il portait une capote militaire sur les épaules. Il monta sur le ring sous les acclamations, rejoignit le boxeur qui l'y attendait.

Le combat commença et Georges n'eut pas à forcer son talent. Directs du droit, directs du gauche, uppercuts, esquives. Tous les coups de son art y passèrent. La démonstration dura plusieurs rounds, le champion d'Europe changeant d'adversaire à chacun d'eux. À aucun moment il ne se départit de son élégance.

Une formidable ovation salua son départ.

– Tu verras, John, prophétisa Jules, tu vas dire que je me répète, mais Georges Carpentier sera champion du monde !

Les festivités s'achevèrent par un défilé militaire.

De retour chez lui, Jules était heureux, mais inquiet aussi. La fête s'était éteinte. La guerre était terminée. Le camp américain ne serait bientôt plus qu'un souvenir. Que deviendrait l'amitié qui le liait à John, une fois celui-ci parti ?

CHAPITRE 10

UN FRÈRE D'AMÉRIQUE

L'acteur entoura la belle héroïne de ses bras rassurants. L'amour fit le reste. La salle sifflait, claquait des mains, frappait des pieds, jubilait. On n'entendait plus le pianiste qui ne ménageait pourtant pas sa peine.

« *THE END* » s'afficha à l'écran. Les spectateurs applaudirent puis se levèrent et, lentement, leur flot se déversa dans la rue.

Jules avait l'esprit ailleurs lorsqu'il arriva sur le quai.

Il avait eu envie d'aller au cinéma ce dimanche après-midi de mai 1919. Seulement, pour la première fois, il y était allé seul. Il avait demandé à John de l'accompagner, comme d'habitude, mais le Sammy lui avait expliqué qu'il n'était pas libre. Et puis, comme il ramenait une meilleure paye à la maison maintenant, Marie n'avait pas rechigné à lui laisser de quoi s'offrir sa place.

Il avait bien fait.

Le film l'avait bouleversé.

Jules connaissait la vie pourtant. Il était allé à des mariages. Il savait que, dans le monde moderne, un homme et une femme se mariaient par amour. Il l'avait constaté autour de lui.

Seulement, l'amour, qu'est-ce que c'était ?

Jules avait bien compris que, depuis plusieurs mois déjà, son amitié pour Anne avait évolué ; ce qu'il éprouvait à son égard avait changé. D'abord, il l'avait trouvée belle, puis il s'était senti perdu, ne sachant plus comment l'aborder. La grippe espagnole lui avait permis de revenir vers elle et, à présent, il la rencontrait avec un plaisir sans cesse grandissant. Chaque fois, il appréciait davantage sa voix, son parfum. Son rire lui semblait plus beau. La nuit, il rêvait d'elle. Le jour, il était malheureux s'il ne la rencontrait pas. Il s'était même surpris à errer du côté de la rue de la Gare.

Évidemment, il ne pouvait parler de ça à personne. Pas à sa mère. Pas à sa patronne, ni à son mari. Encore moins à John. Il aurait eu honte. Personne, vraiment personne…

Finalement, il était amoureux d'Anne et il l'avait seulement compris avec le film.

Jules était heureux, immensément heureux. Et, le quatrième vers du refrain de *It's a Long Long Way to Tipperary* fiché en plein cœur, il remontait la rue de la Gare, se rapprochant de chez Anne.

Il ne savait pas encore quand ni comment, mais il déclarerait sa flamme à la jeune fille, comme le héros l'avait fait à sa belle dans le film. Il se voyait déjà, un genou à terre, le visage tendu vers celui de sa bien-aimée. Fier. Beau. Conquérant.

Soudain, arrivé à cent mètres de la maison Girard, il se figea.

Un homme et une femme venaient de franchir le portail d'entrée. Jules les avait aperçus, mais refusait d'en croire ses yeux : c'étaient John et Anne.

John et Anne qui se tenaient la main. Eux ne l'avaient pas vu.

Jules faillit s'évanouir. En proie à une infinie détresse, il fixait les deux mains unies. Sa vie s'écroulait. Il n'entendait plus rien, ne voyait plus rien sinon ces deux mains. Il comprenait. Il comprenait trop bien. Tout à coup, le passé défila dans sa tête : il avait présenté Anne à John, il se souvenait de l'inquiétude de la jeune fille lorsqu'il lui avait annoncé le départ de l'infirmier pour le front… Et puis sa présence inattendue, sur le quai, près du train… Son empressement à lire la lettre de John sur le petit escalier de pierre… Tout devenait clair, atrocement limpide.

Il coupa par les champs, revint chez lui au pas de course, évitant ainsi la maison des Girard…

Assise près de la fenêtre, Marie reprisait des chaussettes. Elle essayait de ne pas céder une fois de plus à son chagrin et tentait de se concentrer sur une tâche qu'elle connaissait pourtant sur la pointe de l'aiguille.

« Si le travail est bien fait, se répétait-elle, elles pourront encore durer et ce sera toujours ça de moins à acheter. »

Soudain, Jules entra et se précipita dans sa chambre.

Marie suspendit son geste, puis crut deviner des sanglots étouffés. Alors, elle posa chaussette, fil et aiguille et rejoignit l'adolescent.

Jules était étendu à plat ventre sur l'édredon rouge, la figure cachée dans l'oreiller. Marie s'assit près de la tête de lit et passa une main dans les cheveux de son fils. Elle laissa glisser le temps, ce qu'il fallait, pour se retrouver, pour retrouver son dernier garçon, pour retrouver les chemins de tendresse qu'ils partageaient autrefois.

Ils ne s'adressaient plus guère la parole depuis de longs mois, sinon pour le strict minimum que la vie exigeait. Mais là, devant la détresse de Jules, Marie retrouva la force qui l'avait abandonnée à la mort de Charles. Guidée par son instinct, elle sut employer les mots justes qui amenèrent son fils cadet à se confier.

Jules se pensait incapable de parler d'Anne à qui que ce soit, mais, rassuré par la tendresse retrouvée de sa mère, il oublia toute honte et se livra sans retenue. Ce ne fut pas tout de suite, ni d'une traite : il hésita, chercha ses mots, mais il parla d'Anne, des sentiments qu'il éprouvait à son égard, de la très profonde amitié qu'il avait pour John et de la manière dont l'un et l'autre venaient de le trahir.

Marie l'écouta du bout du cœur puis elle lui expliqua, calme, sereine, avec une infinie douceur, que ni l'un ni l'autre ne connaissait ses sentiments à l'égard d'Anne. Jules lui-même ne venait-il pas seulement de les comprendre ? Marie pensait que, pour l'un et pour l'autre, Jules était un très bon ami, sans doute leur meilleur ami. John était un beau jeune homme. Courageux. Sympathique. Généreux. C'était normal qu'Anne l'ait remarqué. Anne possédait les mêmes qualités. En plus, elle était belle, elle aussi. Il semblait tout à fait normal que John soit sensible à son charme. Les hasards de la vie les avaient fait se rencontrer. Ils avaient sensiblement le même âge, ils s'étaient mutuellement attirés et étaient tombés amoureux l'un de l'autre. Ce n'était pas pour blesser Jules. À aucun moment ils n'avaient voulu le faire souffrir. C'était ainsi, tout simplement, tout naturellement.

– Tu auras bientôt seize ans, Jules ! La vie s'ouvre devant toi. Tu aimes Anne. Pour l'instant, tu souffres beaucoup, mais bientôt tu croiseras une autre jeune fille et Anne deviendra un de tes plus précieux souvenirs…

Marie serra son fils contre elle, puis elle quitta la chambre, le laissant seul dans la pénombre. Ses paroles l'imprégneraient et panseraient lentement sa blessure.

Le lendemain, John et Jules marchaient le long du canal, en direction de l'hôpital où le soldat américain devait dispenser des soins en fin d'après-midi. L'infirmier était venu chercher l'apprenti boulanger à la sortie de la boutique et lui avait demandé de l'accompagner. Jules lui avait adressé un bonjour embarrassé et l'avait suivi sans ajouter un mot.

Ils marchaient depuis dix bonnes minutes quand John prit enfin la parole :

– Jules… j'ai une grande nouvelle à t'annoncer. Voilà… Anne et moi nous nous aimons et, hier, j'ai demandé sa main à ses parents. Ils ont accepté. Nous allons nous marier.

Jules encaissa le coup, mais les mots de Marie lui revinrent en mémoire aussitôt, ils apaisèrent assez sa douleur pour l'empêcher de fondre en larmes. Il lança :

– Hier, je vous ai vus sortir de chez Anne et j'ai tout compris.

John s'arrêta soudain et retint Jules qui allait poursuivre sa route. L'adolescent se retourna, baissa la tête.

– Qu'est-ce qui t'arrive, Jules ?

L'infirmier avait posé la question, mais il avait deviné les raisons du trouble de son ami. Jules releva la tête. Voyant ses yeux embués, John le serra contre lui et souffla :

– Excuse-moi, Jules… Je ne savais pas… Je ne voulais pas te blesser…

Plus d'une semaine s'était écoulée.

Un geai picorait le tronc du chêne, à quelques pas de l'entrée de la cave.

Jules, John et Anne venaient de se retrouver tous les trois à l'intérieur du refuge.

Bien sûr, Jules n'oubliait rien. Il devait encore dompter

ses émotions, mais il se faisait une raison. Il savait maintenant qu'il n'était plus un gamin, qu'il devait réagir en adulte, accepter la vie avec ce qu'elle pouvait avoir d'injuste, ou plutôt, dans son cas, de cruel, et repartir, toujours repartir.

Leurs regards peinèrent d'abord à se croiser. Aussi parlèrent-ils de choses anodines, histoire d'apaiser le feu des plaies.

Jules leur confia ensuite que Marie était enfin sortie de sa léthargie morbide et qu'il pouvait compter sur elle, même dans les moments difficiles. Elle n'avait pas encore tout à fait retrouvé son énergie d'autrefois, mais ce serait pour bientôt. Il en était certain.

Tout en parlant, l'adolescent regardait furtivement Anne. Elle était encore plus belle qu'avant. Elle rayonnait comme jamais. Grâce à John. Jules voulait s'en réjouir.

Alors, il sourit franchement, sans retenue… et ses amis l'imitèrent.

John expliqua qu'il devait bientôt prendre le train, puis le bateau à Saint-Nazaire pour rentrer en Amérique et être démobilisé, mais qu'il serait de retour dans quelques mois afin de se marier avec Anne. Le couple partirait peu après vivre de l'autre côté de l'Atlantique.

Jules serra Anne dans ses bras au moment de se séparer. Il étreignit ensuite John.

Ses deux amis quittèrent la cave sans ajouter un mot

et lui adressèrent un dernier signe avant de disparaître au détour du chemin.

Jules leur rendit cet au revoir.

Il repensa à Charles. Charles, son frère. Charles lui souriait…

Alors, la main droite posée sur le *Soldiers' French Course* niché dans sa poche de chemise, au niveau du cœur, il effleura le graffiti du bout des doigts de la main gauche.

L'océan allait les séparer, mais Jules savait que s'il avait perdu son premier amour, il avait gagné une véritable amie et un frère, un vrai. Un frère d'Amérique.

SOURCES ET REMERCIEMENTS

Auteur de romans historiques, Philippe Barbeau sait que ceux-ci reposent sur une rigoureuse enquête. Constatant le sérieux du travail mené autour du camp américain de Noyers-sur-Cher par Christian Couty et ses élèves du collège Joseph Paul-Boncour, de Saint-Aignan-sur-Cher, il lui proposa de coécrire un roman.

Si les héros de ce récit sont fictifs, ils vivent des aventures qui sont pour la plupart basées sur des faits réels. Beaucoup de personnages secondaires ont réellement vécu à l'époque du camp américain.

Un frère d'Amérique est donc d'abord né des témoignages et des éléments matériels recueillis sur place par Christian Couty, comme les graffitis qui subsistent encore en grand nombre à Noyers-sur-Cher et ses environs. Il a pour but de réveiller et perpétuer le souvenir de la présence du camp américain dans cette région de la vallée du Cher.

Les auteurs ont aussi consulté de nombreux ouvrages :

– *La Grande Guerre 1914-1918*, de Stéphane Audouin-Rouzeau et Annette Becker, éditions Gallimard, 1998.

– *La Première Guerre mondiale en France*, de Jean-Noël Grandhomme, éditions Ouest-France, 2002.

– *Paroles de poilus*, éditions Librio, 1998.

– *1914-1918. Mon papa en guerre*, éditions Librio, 2004.

– *Les poilus ont la parole*, de Jean Nicot, éditions Complexe, 1998.

– *1914-1918. Les journaux de tranchées*, éditions Italiques, 1999.

– *US Marine Corps in World War 1. 1917-1918*, de Mark Henry, Darko Pavlovic, Osprey Military, 1999.

– *Soldiers' French Course*, Gordon Detwiler Institute, New York, 1917.

– *Les Américains à Noyers-sur-Cher et Saint-Aignan-sur-Cher en 1918 et 1919*, de Christian Couty et les élèves du collège de Saint-Aignan-sur-Cher, 1999.

– « *Les Américains dans la Grande Guerre* » du colonel Frédéric Guelton, in revue *14-18*, fév.-mars-avril 2008.

Ces différents documents, ainsi que de nombreuses autres revues et sites Internet, leur ont permis de replacer l'histoire dans le contexte national et international.

Christian et Philippe remercient Christiane Houssard, la direction de la mémoire, du patrimoine et des archives du ministère de la Défense, Marie-Pascale Prévost-Bault, conservatrice en chef de l'Historial de Péronne, et son équipe, Linda Férin, des Archives départementales du Loir-et-Cher, Martine Vallon, directrice du musée de Sologne à Romorantin, Marie-Claude Bonneau, Pierre Cantone, Claude Carroy, Lynn Couty, Jean-Paul Deroche, Christophe Girard, Germaine Hubert, Pascal Leroy, Jean-Claude et Annie Robert, Chantal Sainson, Jean Seclet, Monique Zonca… et tous ces témoins aujourd'hui disparus qui ont permis d'ancrer le roman dans la réalité de l'époque.

PHILIPPE BARBEAU ET CHRISTIAN COUTY

Christian Couty habite Noyers-sur-Cher. Professeur agrégé d'histoire-géographie au collège de Saint-Aignan-sur-Cher, il est né en 1961, à Beaumont-la-Ronce (Indre-et-Loire). Sa passion pour la matière qu'il enseigne et celle pour la région où il vit l'amènent naturellement à s'intéresser au passé de celle-ci. *Un frère d'Amérique* est son premier roman pour la jeunesse.

Ancien instituteur spécialisé né en 1952, à Blois, Philippe Barbeau a publié une soixantaine de livres, dont *La guerre d'Éliane*, *Le bonheur d'Éliane* et *L'avenir d'Éliane* (Syros), la série des *Enquêteurs du Net* (Hatier), *L'odeur de la mer* (Flammarion), *Le type* (Atelier du poisson soluble), *Une journée au château fort* (Rageot) et *Né de mère inconnue* (Magnard). Même s'il reste ouvert à d'autres genres, il écrit de plus en plus de livres à dimension historique.

Christian et Philippe se sont rencontrés grâce à Christiane, une amie commune, lors de l'enquête préliminaire qui donnera *Peur sur la route*, le premier « Roman de la mémoire » de Philippe. Ils sympathisèrent, parlèrent de ce camp mis en place par les Américains, à Noyers-sur-Cher, entre 1917 et 1919.

Ainsi naquit l'idée d'*Un frère d'Amérique*.

LES AMÉRICAINS DANS LA PREMIÈRE GUERRE MONDIALE

Lorsque la guerre éclate en Europe, en 1914, les États-Unis proclament leur neutralité. Cependant, des relations commerciales étroites se nouent entre les États-Unis et les Alliés, principalement la France et la Grande-Bretagne, dont l'effort de guerre bénéficie de vivres et de matériel américains.

Pour interrompre ces approvisionnements, les Allemands généralisent la guerre sous-marine. Le 15 janvier 1917, l'Allemagne informe les États neutres qu'elle coulera tout navire qui approchera les côtes européennes.

Les États-Unis, qui, déjà, redoutent qu'en cas de victoire allemande les Alliés ne puissent pas rembourser les dettes qu'ils ont contractées envers eux, ressentent cette annonce comme une menace directe pour leur économie. Le 1er février 1917, ils rompent leurs relations diplomatiques avec l'Allemagne.

Par peur d'une intervention américaine en Europe, l'Allemagne envoie un télégramme secret au Mexique pour inciter ce pays à entrer en guerre contre les États-Unis, et reconquérir ainsi les États du Sud (Texas, Arizona et Nouveau-Mexique). Intercepté, ce message est publié dans la presse, ce qui achève d'indigner l'opinion publique, déjà rendue hostile à l'Allemagne en raison du torpillage des paquebots *Lusitania*, le 7 mai 1915, *Sussex*, le 24 mars 1916, et *Vigilentia*, le 19 mars 1917, paquebots à bord desquels se trouvaient des voyageurs américains.

Le 6 avril 1917, le Congrès des États-Unis autorise le président Woodrow Wilson à déclarer la guerre à l'Allemagne, puis, le 7 décembre suivant, à l'Autriche-Hongrie.

Cependant, en 1917, l'armée des États-Unis, uniquement composée de volontaires, compte peu d'hommes, de surcroît mal entraînés et peu équipés. Pour pallier l'insuffisance d'effectifs, le Congrès vote la conscription. Le maréchal français Joffre est chargé de mettre au point les modalités d'intervention des troupes américaines en France. Il est décidé qu'un premier contingent sera envoyé en juin, la France fournissant les instructeurs, les canons, les avions et les chars.

Le 28 juin, le général Pershing, nommé à la tête du corps expéditionnaire américain, assiste au débarquement à Saint-Nazaire des quelque 15 000 hommes de la 1re division d'infanterie des États-Unis.

Le 3 mars 1918, l'Allemagne et le tout nouveau gouvernement soviétique signent une paix séparée. Ce pacte aurait pu donner à l'Allemagne un avantage décisif, en lui permettant d'envoyer sur le front occidental des centaines de milliers d'hommes jusqu'alors retenus à l'Est. Mais lorsque les Allemands reprennent leurs offensives au printemps 1918, dans l'espoir de rompre enfin la ligne de front, le dispositif américain fonctionne à plein rendement.

Car, entre-temps, les Américains ont mis toutes les ressources de leur puissance industrielle naissante au service de la guerre. À la fin de l'année 1917, le corps expéditionnaire compte 150 000 soldats. Un an plus tard, il sera formé de deux millions d'hommes !

Dès le mois d'août 1917, en effet, une deuxième base est implantée à Bordeaux. À Bassens, en Gironde, les Américains construisent un port capable de décharger vingt navires à la fois ; cette base comporte une gare de triage, un parc d'approvisionnement, un dépôt de munitions, un entrepôt frigorifique… En septembre commence à Brest la construction d'une troisième base. Dans le quartier de Pontanézen surgit une ville militaire de 70 000 hommes. Des camps sont construits en arrière du front, où les Sammies peuvent achever leur formation.

Ports et camps sont reliés par des voies ferrées, dont le réseau est prolongé jusqu'à la ligne de front. Trois cents locomotives destinées aux armées américaines mais aussi françaises sont mises en service chaque mois. On a pu estimer qu'en octobre 1918, deux chevaux, sept hommes et sept tonnes de matériels débarquent chaque minute dans les ports français.

Devant cet afflux d'hommes et de matériel, l'Allemagne, épuisée par quatre ans de guerre, se résigne à rendre les armes.

Mais c'est aussi sur le plan diplomatique que l'action des États-Unis s'avère décisive pour l'issue du conflit.

Dès le 8 janvier 1918, le président Wilson prononce un discours en quatorze points sur les buts de guerre des États-Unis, qui deviendront bientôt ceux des Alliés. Ces quatorze points, qui prévoient notamment la reconnaissance des nationalités fondues dans l'Empire austro-hongrois et l'instauration d'un nouvel ordre international garanti par une instance de dialogue entre les pays, la Société des Nations, serviront de base à la négociation de l'armistice du 11 novembre 1918, puis de la paix.

DANS LA MÊME COLLECTION

AOÛT 44 – PARIS SUR SCÈNE
Christian Grenier

ORAN 62 – LA RUPTURE
Pierre Davy

JUILLET 42 – SOUS UNE MAUVAISE ÉTOILE
Stéphane Descornes

HAUMONT 14-16 – L'OR ET LA BOUE
Christophe Lambert

VERDUN 1916 – UN TIRAILLEUR EN ENFER
Yves Pinguilly

JUIN 40 – PEUR SUR LA ROUTE
Philippe Barbeau

1944-1945 – LES SABOTS
Jean-Pierre Vittori

GUADELOUPE 1943 – SOUS LE VENT DE LA GUERRE, «ANTAN SORIN»
Pierre Davy

ITALIE, MAI 44 – LE CIEL DÉCHIRÉ
Guy Jimenes

LES MAQUIS DU PÉRIGORD, 1944 – LE PRINTEMPS DE THOMAS
Dany et Michel Jeury

INDOCHINE 54 – TOMBÉS DU CIEL
Stéphane Descornes

7 MAI 1915 – LE SECRET DU LUSITANIA
Anne-Marie Paris

CAMBODGE 1941-1945 – LE SOURIRE DES DIEUX
Pierre Davy

LES CHANTIERS DE LA JEUNESSE, 1940-44 – UNE VIE EN SUSPENS
Hélène Montardre

SARAJEVO 1995 – ENTRE DEUX FEUX
Flore Talamon

VERCORS, JUILLET-AOÛT 1944 – LA FORTERESSE SACRIFIÉE
Jean-Pierre Andrevon

SYRIE 1941 – LA REINE AUX DEUX EMPIRES
Pierre Davy

STO, 1942-1943 – DE GRÉ OU DE FORCE
Jean-Pierre Vittori

N° éditeur : 10159336 - Dépôt légal : mars 2009
Imprimé en France par CPI - Hérissey à Évreux (Eure) - N° 110900